In Stadtpårk is es wunnerschön,
der Till muss uff'n Olln Marcht stehn.
Wir drehn nen eene Näse, eher sich besinnt,
denn wir sind, wir sind een Machdeburjer Kind.

Is denn de Elbe immer noch dieselbe!?
Fracht sich der Dom un wundert sich.
So vill Verkehr, Häuser un noch mehr
hab ich früher würklich nich jesehn!

Een Zoobesuch is interessant,
Erholung jibts an Bårleber Strånd,
wir sind verjnücht bei Rejen un bei Wind,
denn wir sind, wir sind een Machdeburjer Kind.

Is denn de Elbe immer noch dieselbe!?
Fracht sich der Dom un wundert sich.
So vill Verkehr, Häuser un noch mehr
hab ich früher würklich nich jesehn!

Ursula Föllner

Das Machdeburjer Wörterbuch

Eine Plauderei über die Sprache unserer Stadt Magdeburg

Unter Mitarbeit von
Ursula Eltzsch, Ruth Krafzik,
Hannelore Märtens, Dörte Neßler
Herbert Rasenberger

mit Zeichnungen von Peter Dunsch
(Pedu)

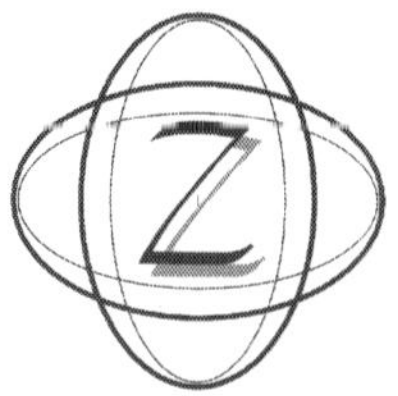

dr. ziethen verlag
Oschersleben

Vorwort

Die Idee zu diesem Buch entstand während einer Reihe von Vorträgen über die Sprache Magdeburgs in der Volkshochschule dieser Stadt. Das große Interesse in der Öffentlichkeit und die engagierte Mitarbeit der Teilnehmerinnen und Teilnehmer des Kurses „Machdeburjisch" machten Mut, Material zu sammeln und es in dieser Weise herauszugeben. Viele Bürgerinnen und Bürger der Stadt, auch solche, die leider nicht mehr in Magdeburg wohnen, füllten Fragebögen aus und schrieben ihre Kenntnisse über die Sprache auf. Sie vermittelten so einen lebendigen Eindruck davon, welche Wörter und Redewendungen heute noch verwendet oder gekannt werden. Auch Studierende des Instituts für Germanistik der Otto-von-Guericke-Universität trugen zur Sammlung bei und diskutierten über Einträge und Beschreibungen. Das Redaktionskollegium bestand aus „echten" Magdeburgerinnen und Magdeburgern. Lediglich ein Mitglied war erst vor einigen Jahren zugezogen und konnte aus seiner Sicht zur Klärung mancher Frage beitragen.

Es entstand auf diese Weise kein eigentlich wissenschaftliches Wörterbuch, sondern eher eine unterhaltsame Plauderei über die Sprache dieser Stadt. Dabei standen die Wörter und Wendungen im Mittelpunkt, die auch heute noch Verwendung finden oder doch zumindest noch bei den Älteren bekannt sind. Für diejenigen aber, die gern nachlesen möchten, wie vergangene Generationen gesprochen haben, gibt es Literaturhinweise am Ende des Buches. Um einen lebhaften Eindruck von der Sprache dieser Stadt zu ermöglichen, sind die einzelnen Einträge mit vielen Beispielen und einigen kleinen Texten angereichert worden. Selbstverständlich kann das eine oder andere Wort fehlen, Vollständigkeit einer solchen Sammlung ist nicht erreichbar. Gehen Sie deshalb großzügig mit unserem Buch um, gönnen Sie sich den Spaß, Machdeburjisch zu lesen, vielleicht (weil die Schreibweise teilweise ungewöhnlich ist) auch hin und wieder laut. Über die Verwendung von Apostrophen wurde viel diskutiert, denn weder das Verständnis noch die Aussprache sollten erschwert werden. Damit fiel die Entscheidung auf den sparsamsten Einsatz dieser Zeichen, es wird also für 'kannst du' nicht *kannst'e,* sondern *kannste* geschrieben. Sicherlich gibt es dazu und zur Auswahl der Wörter und Wendungen unterschiedliche Meinungen. Etwas schnoddrich ausgedrückt:

Wer an Wejen baut un Stråßen,
der muss de Leute sabbern lassen!

1. Magdeburgisch? Machdeburjisch!

Sind Sie in Magdeburg aufgewachsen? Wohnen Sie schon länger hier? Dann wissen Sie sicher, wie man den Namen der Stadt ausspricht. Falls Sie sich erst kürzere Zeit in Magdeburg aufhalten oder erstmals unsere Stadt besuchen, dann sollten Sie beherzigen, dass es die Magdeburger übel nehmen, wenn sie ein langgezogenes *a* bei der Nennung des Namens ihrer Stadt zu hören bekommen. Wollen Sie sich vollständig heimisch ausdrücken, so versuchen Sie es mit einem kurzen *a*, einem *ch* für das erste *g* (wie in ma*ch*en) und ebenfalls mit einem *ch* (wie in man*ch*e) für das zweite *g*: Herzlich willkommen in *Machdeburch*!

Was bedeutet nun aber dieser Name? Im Wappen der Stadt zeigt sich die Magdeburger Jungfrau und lädt freundlich ein, durch die Stadttore hereinzutreten. Mit dieser Darstellung wird auf die Deutung des Namens Bezug genommen, wie sie auch noch lange nach der Entstehung des Wappens Karl Bischoff (1950) vornahm. Er führte den ersten Bestandteil des Namens (*Magde-*) auf eine altniederdeutsche Form für 'Mädchen' zurück und wandte sich gegen Interpretationsversuche, dieses Namenelement in einen Zusammenhang mit der Jungfrau Maria zu bringen. Schon zu Beginn des 20. Jahrhunderts gab es z. B. von Walter Möllenberg (1936) andere Erklärungsversuche, so eine Herleitung aus dem Slawischen als 'Honigwald' oder 'Honigwiese'. Auch 'Kamillenburg' wurde diskutiert (vgl. Heinrich Tiefenbach 1989).

Die Untersuchungen von Jürgen Udolph (1998) zum Ortsnamen *Magdeburg* führen zu dem Ergebnis, dass das Bestimmungswort *magd-* wohl ursprünglich ein Adjektiv gewesen sein muss, das auf ein rekonstruiertes **magh-* mit der Bedeutung 'groß', 'mächtig' zurückgeführt werden kann. „Das vermutete germ. Adj. wäre demnach im Wortschatz verschwunden (bzw. verdrängt durch *mikil* und *groß)* hätte aber im

Namenschatz Norddeutschlands, u.a. in dem ON *Magdeburg* als 'große Burg' seine Spuren hinterlassen." (a.a.O.) Damit wäre es also weder ein Mädchen noch eine Frau und auch nicht die Kamille, denen *Magdeburg* seinen Namen zu verdanken hat. Die ursprüngliche Bedeutung des Ortsnamens könnte vielmehr mit ‚große Stadt' oder ‚mächtige geschützte Siedlungsstätte' umschrieben werden.

Möchten Sie nun wissen, wie die Leute in Magdeburg reden? Interessiert es Sie, welche Wörter und Redewendungen bevorzugt werden und welche typischen grammatischen Formen sich zeigen? Dann lassen Sie sich ohne Vorurteile auf diese Lektüre ein. Bedenken Sie dabei bitte immer, eine Sprache ist nie gut oder schlecht, schön oder hässlich! Sprachen funktionieren, rufen Gefühle hervor und schaffen Nähe oder Distanz.

Wenn Sie selber aus Magdeburg sind, werden Sie sich hoffentlich beim Lesen wiedererkennen. Wenn Sie aus der näheren Umgebung stammen, werden Sie viele Ähnlichkeiten finden, und wenn Sie aus der Ferne kommen, wünschen wir Ihnen viel Spaß beim Vergleichen mit Ihrer Heimatsprache! Um einen kleinen Vorgeschmack auf die Lektüre zu geben, folgt nun das bekannte Magdeburger Alphabet, wie es die Autoren dieses Buches hier nochmals zusammengestellt haben. Sie sehen, dass die Magdeburger sich selbst auf die Schippe nehmen:

A wie **Å**rbse (Das *Å* wird sehr dunkel, fast wie *o* gesprochen.)
B wie **B**eele
C wie **C**häselong
D wie **D**ollbräjen
E wie **E**elsardine
F wie **F**erd
G wie **G**lotze
H wie **H**üppeding
I wie **I**nkoofen
J wie **J**elumpe

K wie **K**åle (Das *Å* wird sehr dunkel, fast wie *o* gesprochen.)

L wie **L**ektrische

M wie **M**achdeburch

N wie **N**appsilze

O wie **O**ore

P wie **P**ottsuse

Qu wie **Qu**asselkopp

R wie **R**ejenschirm

S wie **S**abberack

T wie **T**öhle

U wie **U**ffjewärmtes

V wie **V**orreljesank

W wie **W**urscht

X wie **X**antippe

Y wie **Y**ankee

Z wie **Z**ackeriern (Das *Z* wird wie *ß* gesprochen.)

Wenn Ihnen einige dieser „Alphabet"-Wörter nicht geläufig sein sollten, schlagen Sie in diesem Buch doch einfach nach.

Übrigens: Keinem Magdeburger käme je der Gedanke, seine saloppe Sprache als vorbildlich und nachahmenswert zu empfehlen! Ja, man entschuldigt sich geradezu für die angeblich schlechte Aussprache und nimmt auch gerne Wörter und Wendungen aus anderen Regionalsprachen in den Wortschatz auf. So fällt es in der Gegenwart immer schwerer, das Spezifische des heutigen Magdeburgisch nachzuweisen. Es sind letztlich kaum die einzelnen Vokabeln, die das Besondere ausmachen, denn das sind nur relativ wenige. Erhalten haben sich vielmehr die Aussprachegewohnheiten (Laute und Sprachmelodie), grammatische Formen (z. B. im Satzbau und in der Verwendung des dritten und des vierten Falles) und der Gebrauch von bestimmten Redewendungen, die das Charakteristische der Sprache ausmachen. Im Grunde ist es wohl die Mischung aus all dem und nicht zu vergessen, auch der Einfluss des Umlandes, was uns an der Sprache erkennen lässt, ob wir es mit Leuten aus Magdeburg zu tun haben.

Wissen Sie, wie man *Fackel* buchstabiert?
Hier die Lösung:

F	wie Ferd
A	wie Årbse
CK	wie Quedlinburg
E	wie Eel
L	wie Lektrische

Was ist das nun überhaupt für eine Sprache?

Wir, die Autoren dieses Buches, verstehen unter Magdeburgisch eine Umgangssprache, wie sie von den Einwohnern der Stadt in alltäglichen, nicht offiziellen Situationen und vor allem mündlich verwendet wird. Spontane Gespräche in der Familie oder im Freundeskreis sind dafür typisch, ebenso wie sprachliche Äußerungen an der Straßenbahnhaltestelle oder beim Einkaufen z. B. auf dem Alten Markt. Ein Beispiel aus dem „wahren Leben" unserer Stadt, abgelauscht in Sudenburg an der Haltestelle Halberstädter Straße im April 2005, soll das belegen. Mutter und Tochter (die Namen sind verändert) besprechen häusliche Probleme:

„Wie jesåcht, Anne, mit das Abjeschåbte an die Lederjacke mache dich man keen Kopp! Nimmst dich de Eelpulle aus 'em Küchenschrank, steht links, und reibst den Ärmel in. Sollst sehn – wird. Ich hole dich den kleenen Koffer von Schrank, kannste se nen Sommer ibber inpacken bis innen Herbst.

Ach so, un mit das Essen, das machste so wie ich das jesåcht habe. Die Briehe is jå fertig, holst dich bloß das Jemüse aus de Truhe und rin innen Topp. Lass åber lange jenuch kochen, sonst meckern die mich widder de Hucke voll, wenns nich weich is."

„Klår, Mama, mach ich, mach du dich man keen Kopp um die Suppe, jeht alles o.k.! Åber mit die fåhre ich Schlitten, mich den Ärmel so zu verkratzen, woher bloß, blöde Zicke! Am liebsten würde ich se en paar an de Ommel haun, kannste globen!"

„Nu lass man, beruhige dir ..." (Christa Schmidt)

Wir verlassen Mutter und Tochter, hoffen auf das Gelingen der Suppe und wenden uns wieder der Sprache zu.

Das Magdeburgische hat viele Gemeinsamkeiten mit den Umgangssprachen, wie sie z. B. in Haldensleben, Wolmirstedt, Barleben oder Oschersleben verwendet werden. Übereinstimmungen gibt es aber auch mit anderen norddeutschen Umgangssprachen. Das Besondere macht, wie wir schon bemerkt haben, die Mischung lautlicher, grammatischer und lexikalischer Eigenheiten aus. Wie erklärt sich diese Mischung?

Die Dialektbasis für die Sprache Magdeburgs und seiner Umgebung ist das Plattdeutsche. Im Mittelalter wurden in dieser Sprache z. B. offizielle Schriftstücke wie Verträge zwischen den beiden Hansestädten Halle und Magdeburg geschlossen. So heißt es im Jahre 1343:

„Wie ratmanne, der innunghe mestere alle und die burghere ghemeyne der alden stad to Magdeburch bekennen openliken an disme jeghenwerdighen breve allen den, die ön sehen oder hören, dat wie uns undersproken hebben umme eyne were unde hülpe mit unsen fründen den burgern von Halle [...]"

(Zitiert nach Urkundenbuch der Stadt Magdeburg, Bd.1, Nr. 385.)

In dieser Urkunde versicherten sich die beiden Hansestädte der gegenseitigen Freundschaft und Unterstützung.

Die niederdeutsche Sprachbasis wirkt auch heute in der Umgangssprache nach, wie einige Merkmale in den folgenden Beispielen belegen. (Natürlich kann hier nur eine Auswahl beschrieben werden!)

An de Språche, de stårke,
ich den Machdeburjer mårke!

Statt des dritten wird häufig der vierte Fall verwendet, denn das Niederdeutsche kennt nur einen Objektfall, und das ist im Ostfälischen, zu dem der Dialektbereich gehört, der vierte Fall (*an de Språche*). Somit heißt es z.B. *Merk* ***dich*** *das!, Jib* ***mich*** *das!* Man ist sich dieser „Unzulänglichkeit" durchaus bewusst und verwendet hin und wieder *vorsichtshalber* (weil vornehmer) auch den dritten Fall, was dann danebengehen kann:

Fråch ***ihm*** *må!* oder *Ich traue* ***mir*** *das nich*!

Mit mein Bruder sein Freund habe ich in betreff dem Wetter halber jesprochen.

Bei der Mehrzahlbildung der Substantive überwiegt das niederdeutsche *-s,* so treten bspw. folgende Formen auf: *die Jungen**s**, die Mädchen**s**, die Roller**s**.* Darüber hinaus finden aber auch die Endungen *-er* und *-n* häufig Verwendung, man hört daher schon manchmal: *die Rest**er**, die Stöck**er*** oder *die Stiefel**n**, die Teller**n**.*

Die Sätze werden oft nach niederdeutschem Muster strukturiert. So sind bspw. Konstruktionen mit *zu* beliebt: *Sie* ***hat*** *das Bårometer uff Sturm* ***zu*** *stehn!, Der* ***hat*** *een dolles Auto inne Gåråge* ***zu*** *stehn!*

Typisch niederdeutsche (ost- und westfälische) Rahmenbildungen entstehen durch die Trennung von Wörtern wie *wozu, dazu, worüber* nach dem Muster ***Wo*** *ich keen Vertrauen* ***zu*** *håbe ...,* ***Da*** *jehörste nich* ***zu*** *...,* ***Wo*** *ich mich* ***drübber*** *freue.*

Ein generelles Merkmal von Umgangssprachen ist der Gebrauch vieler Partikeln (kleine Abtönungswörter), die der Vermittlung von „Zwischentönen" dienen. Im Magdeburgischen ist das niederdeutsche *man* in der Bedeutung von 'nur' besonders beliebt: *Komm du mich* ***man*** *nach Hause!, Mach* ***man*** *langsåm!* oder ***Man*** *nich so dolle!*

Quelle der Umgangssprache Magdeburgs war nicht nur das Niederdeutsche, sondern auch das seit dem 16. Jahrhundert als vorbildlich empfundene *gesprochene* Mitteldeutsche, wie man es heute etwa in Leipzig oder Meißen hört. „Von der neuhochdeutschen Schriftsprache hätte man *Pfanne, rufen, Schäfer, Kopf, Apfel, Dampf* übernehmen müssen. Man ersetzte aber nur niederdeutsches *ropen* und *Schaoper* durch *rufen* und *Schäfer*, sprach fortan *Fanne* und behielt *Kopp, Appel* und *Damp* bei [...]" (Bischoff 1938, 49–50). Und so *verklo**pp**en* sich Kinder heute noch, machen einen *Kö**pp**er* ins Wasser oder *schni**pp**eln* Papier klein. Auf mitteldeutschen Einfluss geht auch das häufig gebrauchte *uff* zurück. Eigentlich hätte altes *ûf* lautgesetzlich zum standardsprachlichen *auf* werden müssen, da aber im vorbildlichen Mitteldeutschen das *u* bereits gekürzt war, blieb es bei der Form *uff.* Somit hört man in Magdeburg, dass die Tür ***uff**jemacht* werden solle, ***uff** de Stråße **uff**jepasst* werden muss oder die Aufforderung: *Krich das u**ff**!* (Heb das auf!), *Lass dich nischt u**ff**hucken!* (Lass dir nichts erzählen/aufladen!).

Kurz gesprochen wird der in der Standardsprache lange Vokal *a* in Gras, Glas oder Rad: *Gr**a**ss, Gl**a**ss, R**a**dd.* Auch vor bestimmten Endungen kürzt das ostfälische Plattdeutsche den Vokal, so dass es im Magdeburgischen heißen kann *V**i**lle fährt man uffn Wåren!* oder *Stell man de Stebbeln* (Stiefel) *balle widder vor de Türe.*

Es gibt besonders vielfältige Realisierungen des stimmhaften Verschlusslautes *g*: *Ma**ch**debur**ch*** (das erste *ch* wird wie in *ma**ch**en,* das zweite dagegen wie in *man**ch**e*); ***j**ut, **j**erne, e**j**ål; Oo**r**e* (Auge), *Lå**r**e, Wå**r**e* (Waage)*; **k**ucken, Lan**k**er; brin**g**en, Man**g**el.* Als typisch jedoch empfinden die Magdeburger selbst ihr deutlich artikuliertes *j*, so wie in dem folgenden Spruch:

Justav, jib Jass, in Jommern jibts jriene Jurken, jleich jejenüber jibts Jips!

Und nun noch ein Wort mit drei *g*, von denen in Magdeburg keines übrig bleibt: *Vo**rr**el**j**esan**k*** (Vogelgesang – ein Park in der Stadt).

Wenn hier auch nicht alle Merkmale der Magdeburger Umgangssprache beschrieben werden können, so soll doch noch auf das sogenannte *„klåre A"* hingewiesen werden, das auch ein wesentliches Merkmal ist, welches die Magdeburger zur Selbstbeschreibung heranziehen. Es ist ein langer, dunkler *a-Laut,* der eine Klangfarbe zwischen *a* und *o* aufweist (hier als *å* wiedergegeben). So tritt er auch bei den Wörtern *Jåbel* und *då* in den folgenden Redewendungen auf, mit der die Magdeburger ihre Sprache charakterisieren:

> *Då kullern mich doch de Årbsen vonne Jåbel!*
> ...
> *Un wie ich dich das såre, da fällt mich doch der Sack von die Wåre und die janzen Årbsen direkt ins Kårnål!*

Neben diesen (in einer Auswahl) vorgestellten grammatischen und lautlichen Eigenheiten des Magdeburgischen weist die Sprache jedoch auch eine Reihe von lexikalischen Besonderheiten auf. Diese sollen in dem vorliegenden Buch in einer Auswahl genannt und erläutert werden. Zum einen Teil entspringen sie der niederdeutschen Grundlage dieser Umgangssprache, zum anderen Teil verdanken wir sie aber wohl der Freude am Wortspiel. Diese Gabe der Menschen spiegelt sich natürlich auch in allen anderen regionalen Umgangssprachen wider. So waren die Niederdeutschen generell kreativ bei der Integration von französischen Vokabeln in das deutsche Sprachsystem, sie wurden entsprechend den eigenen Sprachgewohnheiten umgeformt. Im 17. Jahrhundert entstand in Magdeburg die zweitgrößte Kolonie französischsprachiger Flüchtlinge in Preußen (pfälzisch-wallonische sowie französische). Einflüsse des Französischen sind darüber hinaus auch durch seine Rolle als Kultur- und Bildungssprache sowie die Besetzung der Stadt durch napoleonische Truppen erklärbar. In die Umgangssprache fanden daher Wörter wie die folgenden Eingang: *Kleedage* (nd./md. 'Kleid' *Kleed* und franz. Endung *–age*), *Deetz* (abgeleitet von franz. *tête* ‚Kopf'), *Bollchen* (abgeleitet von franz. *bonbon*), *Flitzepee* (Fahrrad, abgeleitet von franz. *vélocipède*).

Gruß an Magdeburg

Manchmal gibt es Dinge, über die man sich nach Jahren noch wundert:

Vor mehr als 30 Jahren war ich mit einer Sportgruppe auf einem Zeltplatz auf der Insel Rügen am Greifswalder Bodden. Statt einer morgendlichen Dusche ging man am besten gleich ins Meer, und ich benutzte die Gelegenheit zu einem Langstreckenschwimmen bis zu den Bojen. Als ich gerade mein Ziel erreicht hatte, kam ein Segelboot gefahren, in dem drei junge Männer von der Strandwache saßen, die mir aber völlig fremd waren. Sie sahen mich, und einer rief mir zu: „Aber nicht weiter rausschwimmen!" Ich gab zurück: *„Nee, nee, ich bin schon aufen Rückwech!"* Da kam zu meiner Überraschung als Antwort: „Ach, schönen Gruß an Magdeburg!" – Und nun überlege ich immer noch: Woher wusste der, *dass ich aus unsere schöne Stadt bin?!* (Ruth Krafzik)

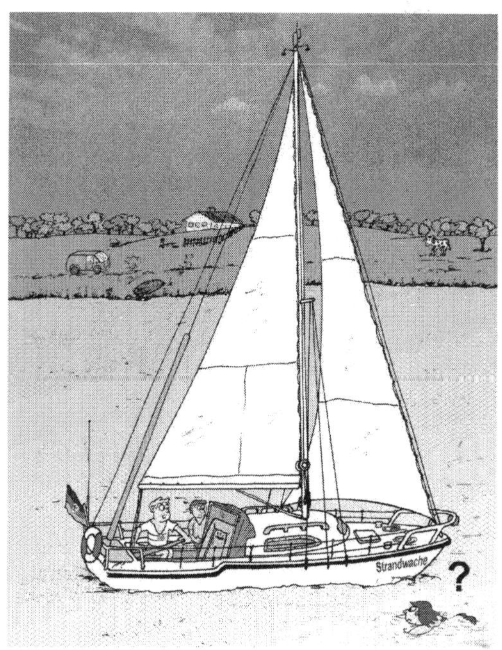

Die nun folgende Reihe von Wörtern und Redewendungen ist thematisch geordnet, innerhalb der thematischen Gruppen alphabetisch aufgereiht.

2. Ballertralle und Sabberack

Die Ballertralle
ist eine plumpe, ungehobelte weibliche Person. Eine direkte Anrede mit diesem Ausdruck verbietet sich, aber beim nachbarschaftlichen Tratsch kann es schon mal heißen: *Das is ja man ne olle Ballertralle!*

Die Beele
ist ein Säugling. Und wie es sich gehört, äußert man nach einem Blick in den Kinderwagen: *Das is ja man ne süße Beele!*

Der Dollbräjen
kennzeichnet einen Mann oder einen Jungen, der allerhand Ideen und Unsinn im Kopf hat. Umtriebig überrascht er seine Mitmenschen immer wieder neu, sowohl positiv als auch in weniger erfreulicher Hinsicht. *Der mit seine Jeschäfte, das is dich man son richtjer Dollbräjen.*

Die Dorfjacke

ist eine abfällige Bezeichnung für die Bewohner des Magdeburger Umlandes. Fährt ein Auto mit dem Kennzeichen BÖ, BK oder OK vielleicht etwas zögerlich durch die Stadt, so hört man bei anderen Verkehrsteilnehmern: *„Widder sonne Dorfjacke!“* Da aber viele Magdeburger in den sogenannten Speckgürtel gezogen sind, kann es sich bei der *Dorfjacke* gut und gern auch um den ehemaligen Nachbarn handeln, der den gleichen Ausspruch verwendet.

Der Elbröwer (ältere Form: **Elbreeber)**
ist ein Kind, das in übertragenem Sinne mit Elbwasser getauft wurde. Auch als Erwachsene bezeichnen sich die, die einst am Ufer der Elbe in Magdeburg aufwuchsen als *echte Elbröwer.*

Der Fickfacker
ist ein ständiger Unruheherd, der seiner Umwelt auf die Nerven fällt. Überall will er mitmischen, fängt alles an, aber nichts bringt er zügig und richtig zu Ende.

fickerich
ist eine Person, wenn sie zappelig, von Unruhe getrieben oder aufgeregt ist.

Der Finke
ist eine Bezeichnung, die sich nicht auf eine spezielle Singvogelart bezieht. So wird ein Mann bezeichnet, dessen Charaktereigenschaften wenig Positives aufzuweisen haben. Ganz im Gegenteil, er ist *een falscher Fuffzijer,* der z. B. lügt, andere übervorteilt und *übers Ohr haut.*

Die Flitzpiepe
heißt es, dennoch handelt es sich um einen Mann oder einen Jungen, den man nicht für voll nimmt, weil er dummes Zeug redet oder tut.

Der Jrienefietz oder **Jrienfritze**
strahlt ständig über das ganze Gesicht, auch wenn es gar keinen Anlass dafür gibt.

Der Kaks
ist ein Dreikäsehoch. *Kaks* benennt ursprünglich einen kleinen Jungen, der eher kess als langweilig ist. Die Bezeichnung wird aber auch etwas abwertend für kleine erwachsene Menschen verwendet: *Das is doch man bloß son Kaks, vor den brauchste keene Angst nich zu håm!*

Der/die Kåle
bezeichnet eigentlich ein Kleinkind, ein kleines Mädchen oder einen kleinen Jungen, wenn sie nicht mehr *Beele* genannt werden. In übertragener Bedeutung verwendet man es auch als Kosewort für ein Mädchen oder eine Frau: *Na, meine Kåle?* Ausdrücklich betont wird dann das ‚klåre Å'.

Der Kiesefrätsch (auch: **Kieselfrätsch)**
ist wörtlich genommen ein 'Auswahlfresser/Wahlesser', was bereits darauf hindeutet, dass diese Person nicht alles, was auf den Tisch kommt, isst. Er oder sie mäkelt daran herum und sucht sich nur die besten Happen aus. Damit verhält er oder sie sich *kieseke* und ärgert so die Hausfrau.

Die Klacke
ist ein großes, etwas plumpes Mädchen, das z. B. noch mit Puppen spielt, obwohl es eigentlich schon zu alt dafür ist.

Komm man bei mich bei!
Dies ist eine freundliche, fast liebevolle Aufforderung an *eene Kåle* oder *eene Krabbe,* näher zu kommen, sich neben jemanden zu setzen oder zu stellen.

Die Krabbe
verwendet man in der Einzahl zumeist als kosende Bezeichnung für ein Kleinkind: *Das is jå ne süße Krabbe!* In der Mehrzahl bekommt es oft einen abwertenden Sinn: *Die Kinder von die Familie, das sin dorch de Bank alles freche Krabbm!*

Die Krabåten
treten eigentlich nur in der Mehrzahl auf und sind Kinder. *Die kleenen Krabåten vonne Nachbårsche machen janz schön Rabatz, wenn'se de Treppe rufftrampeln.*

Der lange Lulatsch
ist ein großer, dünner und schlaksiger Mann.

Der Mäkelpott
ist ein Mensch, der an allem und allen etwas auszusetzen hat. Am besten Essen findet sich ein Haar in der Suppe oder das schönste Konzert ist nicht perfekt, weil die Sängerin eine komische Frisur hat.

Der Muskelmänne
ist die scherzhafte Bezeichnung für einen Mann, der sich, zumindest nach eigener Meinung oder der Meinung seiner Frau, durch Stärke und Tatkraft auszeichnet. Bei der Trennung zweier Streithähne könnte er dann rufen: *Hier fehlt woll een Jroßer?*

Die Nappsilze
ist keine Wurst, die man essen kann, sondern ein langweiliger, etwas einfältiger Mensch. Ihm fehlt der Elan, eine Sache so voranzubringen, dass sie auch gelingt. *Von den kannste nischt erwarten, das is doch ne olle Nappsilze!*

Nehm Se man die das nich for übel!
Jemand, der z. B. gerade als Nappsilze oder Nulpe bezeichnet wurde, soll nicht beleidigt sein.

Die Nulpe
ist weiblich, dennoch können sowohl Frauen als auch Männer so bezeichnet werden, wenn sie nur genügend langsam und/oder dumm, auf alle Fälle aber erfolglos, sind. Verliert der 1. FCM z. B. gegen den HFC, so beschimpfen die Magdeburger Fans die Spieler als *ziemliche Nulpen.*

Der Peijas
erscheint seinen Mitmenschen als äußerst unsympathischer Zeitgenosse, der z. B., obwohl er *keene Ahnung von nischt* hat, überall das große Wort führt oder sich einmischt. Von einem *Peijas* kann man nichts erwarten.

Der Piesepampel
bezeichnet einen Mann, mit dem man lieber nichts zu tun haben will, weil er ständig rumnörgelt, immer Recht hat und alles besser weiß.

Die Quasselstrippe
ist das weibliche Gegenstück zum *Sabberack* oder zum *Quasselkopp*, also eine Frau, die ohne Unterlass erzählen

bzw. tratschen kann. Verstärkend verwendet man wie bei vielen ähnlichen charakterisierenden Bezeichnungen das Wort *olle: Den Kurtin seine is doch ne olle Quasselstrippe.* In neuerer Zeit wird die Bezeichnung *Quasselstrippe* von einigen Magdeburgern auch für das Telefon benutzt: *Der hängt schon widder anne Quasselstrippe!*

Der Quasselkopp
charakterisiert einen Mann, der ebenso wie *Sabberack* und *Quasselstrippe* viel, gerne und oft redet, wobei es wenig auf den Inhalt ankommt.

Der redet sich jå man was zurechte!
Lang- oder Vielredner sind (nicht nur) in Magdeburg wenig beliebt. Wenn sie dann noch durch mangelnde Sachkenntnis „glänzen", ist dieser Stoßseufzer bei den Hörern zu vernehmen.

ranvettermicheln
Wer das tut, ist bei den Magdeburgern nicht gut angesehen, denn sie mögen es nicht, wenn sich jemand einzuschmeicheln (oder neudeutsch: *einzuschleimen*) versucht.

Der schmiert den mächtich Rotz an/uff de Backe!
So unappetitlich das auch klingen mag, die Redewendung stellt fest, dass jemand eine andere Person übertrieben lobt und umschmeichelt.

Der Rotzlöffel
ist ein ziemlich ungezogener junger Mann oder Bengel.

Die Rotzneese
ist nicht nur eine triefende Nase, sondern auch eine jüngere Person. So kann man z. B. einem Bengel, der nicht aufhört zu stänkern, sagen: *Mensch, hau ab du olle Rotzneese!*

Der Sabberack
bezeichnet einen Mann, der viel und oft (dummes Zeug) erzählt, der eben *rumsabbert.* Gerne wird auch diese Personenkennzeichnung durch *olle* ergänzt: *Der olle Sabberack hat sich widder festjequasselt!*

Der Teite
zeichnet sich durch außerordentliche Größe und Kraft aus, eben ein Mann wie ein Schrank, so dass bewundernd ausgerufen wird: *Man is das een Teite! Der hat ja een Kreuz wien Kleiderschrank.*

Die olle Trulle
ist eine Frau, die man absolut nicht leiden kann.

Das Wurschtpaket
ist ein Paket, das man nicht beim Fleischer kaufen kann, denn es handelt sich um ein Lebewesen! Auf diese burschikos liebevolle Weise wird ein gewickeltes Baby (*eene Beele*) bezeichnet oder spaßenshalber auch ein kleiner kompakter Hund oder ein ähnliches Tier.

3. Bötel und Eiback

Sauerkohl und Bötel

Kommste må nach Machdeburch
un hast en leeren Måren,
denn jehe må de Stadt hindorch,
nach Bötel musste fråren!
Dåderzu jibts sauren Kohl,
das schmeckt, du musst's versuchen!
Hau rin! Iss for dein Wohl,
kuckst'e nich nach Wein un Kuchen.

Un alle schmeckts janz unjeheuer,
ob Ådel, Bürjer oder Meier!
Is ebent eene Jötterspeise
un schmeckt in eenen jeden Kreise.
Was soll ich nu noch Jutes såren,
zu Bötel un zu Sauerkohl?
Versuchs doch må, ohne zu fråren,
denn stellste fest, das schmeckt, jawohl!
(Herbert Rasenberger)

abzutschen
ist eine etwas unfeine Art, die letzten Fruchtreste von einem Obstkern (z. B. einem Pfirsich) mit Zähnen und Lippen abzulutschen bzw. zu knabbern.

Arme Ritter

Wenn Weißbrot hart jeworden is, muss mans nich jleich inne Futtertonne packen, sondern man kann sich draus „Arme Ritter" machen. Denn schneidst'e das in dicke Scheiben, verquirlst 2 Eier, Prise Zimt un Milch. Dådrinne weichst'e die Scheiben in. Nach ne Weile nimmst'e se raus un lässt se abtroppen, panierst se in Semmelkrume un tust se von beede Seiten joldjelb bråten. Kannst se mit Zucker bestreun or ooch Soße zu machen. (Ursula Eltzsch)

Die Bäckersilze

Böse Zungen behaupten, der Fleischer würde in die Sülze all das hineingeben, was er anderweitig nicht verarbeiten kann. Und genau das Gleiche wird hier dem Bäcker unterstellt:

Reste von Kuchen aller Art werden zur *Bäckersilze* verarbeitet.

Die Beamtenstippe

Unjefähr 750 g Jehacktes inne Fanne braun anbråten.

(Weils so ville Jahacktes is, könn sich das nur Beamte leisten, die andern essen Bollenstippe.) Von 5-6 Bolln Ringe schneiden, zu den Jehackten jeben un bråten, bis se joldjelb sind. Denn wird janz langsåm heißes Wasser zujekippt, bis es jenuch Soße is. Dabei Rührn nich verjessen. Alles eene jute halbe Stunde uff kleene Flamme jåren lassen. Denn mit das moderne Zeuch, son Soßenbinder, abrührn un die Stippe mit Jewürze

(Senf, Salz, Pfeffer) abschmecken. Dåzu schmecken Pellkartoffeln un ooch Jurken.
(750 g Gehacktes, 5–6 Zwiebeln, Senf, Salz, Pfeffer)
(Hannelore Märtens)

Das Bollchen
Hierbei handelt es sich selbstverständlich um ein Bonbon. Allerdings gibt es auch ein entsprechendes Getränk, das ziemlich süß und oft auch bunt ist. Es wird abwertend als *Bollchenwasser* bezeichnet.

Die Bolle
ist eine Zwiebel, wobei im Magdeburger Raum besonders gute Zwiebeln wachsen. Die Stadt Calbe an der Saale, ganz in der Nähe, trägt daher den Spitznamen *Bollen-Calbe*. Außer für das Gemüse wird das Wort aber auch für Löcher in den Strümpfen verwendet.

Man, der (oder die) jrient wie ne Såtbolle!
Das ganze Gesicht dieses Menschen ist ein einziges Lächeln bzw. Grienen. Die *Såtbolle*, die Steckzwiebel, stellt hier den Vergleich.

Das Bollnfleisch
Een janz deftijes Jericht hat unse Omå immer jerne jekocht. Ar ich jloobe, for die jungen Leute heute is das nischt. Erzähln kann mans trotzdem:
Man braucht dåderzu:
15 Bolln
11/2 Fund Rippchen, zur Not jeht ooch Knochenfleisch vons Schwein

1 Büchse Schweinefleisch in'n eijenen Saft
1 jestrichner Esslöffel Kümmel
1 jestrichner Esslöffel Semmelkrume
Pfeffer, Salz un Majoran
Das Fleisch in kleene Happen schneiden, die Bolln halbiern un denne in Streifen schneiden. Und nu entweder in'n Schmalz vonne Fleischbüchse glåsiern oder zusamm mits frische Fleisch bråten. Denne die restlichen Zutaten rin un mit Wasser ufffülln. Das Janze denn ne 3/4 Stunde quackern lassen. Kannst'e mit Kartoffeln oder ooch mit Stulle or Brötchen essen.
(Ursula Eltzsch)

Die Bollnstippe

Die Bollen wern mit een jroßes Messer kleenjehackt. Denn wern se braun anjebråten un das Janze mits heiße Wasser uffjefüllt, bis jenuch Soße in Topp is. Dåzu komm de Jewürze (Pfeffer, Salz un een Schuss Maggi), un denn wird mit Mehl abjerührt.
Een preiswertes Essen!
(750 g große Zwiebeln, Pfeffer, Salz, Maggi oder Brühwürfel) (Ursula Eltzsch)

Die Bollnwurscht

Disse Wurscht besteht aus een jroßen Anteil von Bolln un is so ähnlich wie ne Leberwurscht.

Bötel und Sauerkohl

In andere Jejenden nennt man den Bötel ooch Eisbeen. Hier in Machdeborch heißt er aber Bötel und wird so jekocht:
Nach'n kurzen Waschen kommt der Bötel in een Topp mit heißes Wasser. Dådrinne wird er zusammen mit zwee janze oder jeschnittene Bolln un zwee Lorbärblätter un ooch mit Piment uff kleene Flamme ca. 2 Stunden jekocht. Denn wird der Sauerkohl een bisschen jewaschen un rinjetån. Das janze Jelumpe soll denn eene halbe Stunde zusamm leichte quackern. Dånach abrührn un mit Kartoffeln oder Brei ufftråren.

Schmeckt jut, wenn übbern Kartoffelbrei noch jebråtene Bollnringe jetån wern.
(1 Bötel/Eisbein, Zwiebeln, Lorbeerblätter, Piment, 1 bis 1,5 Pfund Sauerkohl) (Hannelore Märtens)

Die Bräjenwurscht
Der Bräjen ist das Gehirn, somit ist klar, was ein wesentlicher Bestandteil dieser Wurst ist.
Ansonsten: *Frårense de Fleischer!*

Die Bråtwurscht
Das is keene Wurscht zun Bråten! Die kann man so wie se is in Scheiben uff de Stulle lejen, nur de Pelle muss ab. Disse Wurscht besteht aus jeräuchertes Jehacktes un spezielle Jewürze.

Der Bråtwurschtkloß
(In andere Jejenden von Deutschland såren de Leute dåderzu ooch: Frikadellen, Buletten oder Fleischpflanzerl.)
Un so wern se jemacht:
200 g Jehacktes (halb un halb), 1 Ei, 1 olles, injeweichtes Brötchen, 1 kleenjehackte Bolle un Pfeffer un Salz orndlich mischen. Je nach Jeschmack ooch noch Mostrich oder Knoblauch oder Paprikå mank kneten.

Dåvon denn mit ne Jåbel odern een Löffel kleene Portionen nehm un zu runde Klöße formen. Die inne Fanne mit heißes Fett lejen un dolle anbråten lassen, erst wenn se ne Kruste håm, denne wenden. Bråtwurschtklöße schmecken, wenn se heiß aus de Fanne komm, aber ooch wenn se kalt sin.
(200g Gehacktes, 1 Ei, 1 Brötchen, 1 Zwiebel, Pfeffer, Salz, Paprika, Senf) (Ruth Krafzik)

Der Braunkohl
Dissen Kohl (andere såren *Grünkohl)* erntet man erst, wenne Frost jekricht hat. Denn wern de Blätter vonne Stiele jerissen, jründlich jewaschen un een Moment abjekocht, bevor man de Blätter jrob hacken tut. Nu mit ville fetten Speck un jeräuchertes Schweinefleisch den Kohl lange quackern lassen. Ooch Bolle, Salz un Pfeffer jehörn rin. Richtijer Braunkohl muss ofte uffjewärmt wern, das bringt erst den juten, echten Jeschmack. Am besten schmecken dåderzu Kasseler oder jebråtene Schmorwürschte mit Salzkartoffel. (Ruth Krafzik)

Die Brause
Dieses Getränk, eigentlich eine mit Kohlensäure versetzte Limonade, ist weitaus erfrischender als das *Bollchenwasser.*

Mich is eens, ich koof mich Brause!
Hier ist jemandem alles egal – mag die Situation noch so kompliziert oder die Auswahl noch so groß sein. Er

bevorzugt die einfache Lösung und sein Entschluss steht fest, ansonsten sagt er: *Rutsch mich doch en Buckel runter!*

Der Eiback
sind einige mit Mehl und Milch gequirlte Rührreier in der Pfanne.

Der Griebsch
ist das Kerngehäuse einer Birne oder eines Apfels. Im zweiten Falle heißt er *Appelgriebsch*.

Das Hackepeter
ist gehacktes, rohes Schweinefleisch. (In der Jugendsprache heißt es auch *Maurermarmelåde*.)

Himmel und Erde
Hat abselut nischt mitte Kirche zu tun, sondern is fors leibliche Wohl jedacht. Es is ooch een preiswertes Essen, åber nich jeden sein Jeschmack. Muss man probiern.

1/2 Fund Birn
2 Fund Kartoffel
1/2 Fund Bauchfleisch
en kleenes Stücke Stangenzimt
Zucker, Salz un Essig

Die Birn schäln un vierteln un denn mit das Fleisch un den Zimt kochen. Wenn das Janze fast durch is, die Kartoffeln zu tun und weiter quackern lassen. Denne mit Essig un Zucker abschmecken, dåmits scheen süßsauer wird. Manche Leute bråten ooch Speck knusprich aus un machen den denne drübber wech. (Ursula Eltzsch)

Das ess ich ihle!
Ohne Brot, ohne Beilagen wird hier das Leckerste vom Teller genascht. Meist ist damit die pure Wurst oder das Fleisch gemeint, frei nach dem Motto: *In der größten Not isst man die Wurst auch ohne Brot.*

Die Kälberzähne
sind große, grobe Graupen in der Suppe. Es handelt sich um eine nahrhafte Rindfleischsuppe, in der neben den *Kälberzähnen* auch noch Kartoffelstücke und Suppengrün herumschwimmen.

Die Kalte Schnauze

(Woanders såren se ooch *Kalter Hund.)* Das Hartfett uff kleener Flamme zerlofen lassen. Derweile Zucker, Kakao un Eier vorrührn un das abjekühlte Fett janz langsam, Troppen for Troppen, zujießen, dåbei feste umrührn. In eene mit Butterpapier ausjelechte Kasten-

form eene Schicht von disse Kakaopampe jießen, dådruff eene Schicht Butterkekse lejen un so abwechselnd weiter machen, bis de Masse uffjebraucht is.Wenn das Janze abjekühlt is, könnse de Kalte Schnauze aus de Form kippen.
(300 g Hartfett / Kokosfett, 125 g Zucker, 45 g Kakao, 2 Eier, 2 Pakete Butterkekse) (Hannelore Märtens)

Die Karbonåde
ist eine etwas veraltete Bezeichnung für das Kotelett.

Das Mittagbrot
ist gar nicht aus Brot, sondern das Wort bezeichnet jede Art von Mittagessen. *Mittachbrot* kann also auch aus *Bollnstippe mit Pellkartoffel* bestehen.

Der Muckefuck

ist eine Bezeichnung für Malzkaffee, wird aber heute für jeden Kaffee verwendet, der kein echter Bohnenkaffe ist. Den guten Magdeburger „Röstfein" würde natürlich niemand so nennen.

Die Plinsen
sind ein Resteessen. Kartoffelbrei vom Vortag wird in der Pfanne gebraten.

Die Pottsuse
So koche ich Pottsuse:
Ich koofe Schweinebauch, am liebsten den mit ohne Knochen. Fråren Se mich nich, wie ville. Kommt druff an, for wen ich alles koche. Hat mein Schwiejersohn

Bedårf anjemeldet, muss es schon ne jrößere Portzion sin, also Jewicht nach Oorenmaß un Schnauze. Das Fleisch schnippele ich kleen. So wie for Julasch. Denn muss Bolle ran. Wenns jibt, koofe ich sonne jroße dicke, wie for de Fleischers. Denn Lorbärblatt, Pimentkörners und ich mache immer noch son kleenes Stückchen von sonnen Würfel for Rinderbulljon dran. Schmeckt mich kräftijer. Kann sich ja jeder ausprobiern. Denn Wasser uff das Janze un quackern lassen, immer schön quackern. So een un ne halbe Stunde bis zwee Stunden. Denn rühre ich das Janze durch son Durchschlach mit die jroßen Löcher. Wird meistens ne scheene jroße Schüssel voll. Manche kochen jleich mit Salz, manche ohne. Is Jeschmackssache.
Eens is noch wichtich. Umrührn!
Das Zeuch setzt sich nämlich jerne leicht an.
(Schweinebauch, Zwiebel, Lorbeerblatt, Piment, Brühwürfel, Salz und Pfeffer) (Ursula Eltzsch)

Ist's im Måren dich nicht wohl,
iss Machdeburjer Sauerkohl!

Die Pulle Schluck

ist mit Sicherheit keine Brauseflasche! Alkohol aus der *Pulle Schluck* wird *hinter de Binde jekippt, jießt man uff de Lampe* oder *hintern Knorpel, wird jekippt, jezischt, verlötet* oder *verkasematuckelt.* Man kann sich durch Alkoholgenuss aber auch *een umhängen.*

Die Quarkprilleken

(Die anjejebene Menge erjibt so 8–9 kleene Klöße.)
Quark, Eier, Zucker, Backpulver, Salz und de jewaschen Rosinen vormengen. Denn soville Mehl zujeben, bis der Teich nich mehr klebt un sich zu kleene platte Prilleken formen lässt. Disse denn in eener Fanne in heißes Fett/Eel joldjelb backen. Könnse jloben – schmecken jut!
(500 g Quark, 2 Eier, 2–3 Esslöffel Zucker, ? Teelöffel Backpulver, etwas Salz, Mehl) (Hannelore Märtens)

Die Schellrippe
Hierbei handelt es sich nicht um Rippchen, die Töne von sich geben. Vielmehr sind sie geräuchert bzw. gesalzen. Auch bei dieser Bezeichnung hat das ostfälische Plattdeutsch seine Spuren hinterlassen, denn dort heißt das 'Rauchfleisch' *Schellriwwe.*

Die (Kartoffel-)Schelle
Mit diesem Wort wird die Schale der (rohen) Kartoffel bezeichnet. Früher wurden damit oft die Kaninchen gefüttert. Ebenso wie bei der *Schellrippe* lebt hier in der Sprache der Stadt das ostfälische Plattdeutsch nach, denn *schellen* meint das Schälen (der Kartoffel) bzw. das Herauslösen (der Rippchen) aus dem Schwein.

Der Sister
Wenn man leckern Toppkuchen backen will, kann man das so machen:
200 g Butter rührn, bis se schaumich is, denn nach un nach 200 g Zucker un 5–6 Eijelb rin tun un nochmå feste rührn. 300 g Mehl mit de 100 g Maizena un een Backpulwer sieben un mank mischen, dazu kommt Abjeriemnes vonne Zitrone, der Saft von se, een kleener Schluck Rum un ne Messerspitze Salz. Nu wird das Eiweiß zu Eischnee jeschlåren un denn untern Teich jejehm. Das Janze kommt inne injefettete Toppkuchenform un wird bei mittlere Hitze abjebacken. Juten Appetit!
(300 g Mehl, 100 g Maizena, 200 g Butter, 200 g Zucker, 5–6 Eier, 1 Zitrone, Schluck Rum, 1 Backpulver, Salz)
(Trude Brüning)

Die Uffläufer
werden andernorts auch Aufläufer genannt.
Een janz beliebtes Jebäck sin ooch Uffläufer. Aus'n Kollejenkreis kenne ich då zwee Rezepte, eens for de Jutbetuchten oder wenn Besuch kommen tut, dem man's zeijen will (z. B. de Schwiejereltern oder ne Erbtante). Dåderzu brauchste:

3 Eier, 3 Eigelb, 15 g jute Butter, 50 g Puderzucker, 1/8 l Rum, 1 Paket Vanillezucker un so ville Mehl, dass de een festen Teich krist. Den denn en bisschen liejen lassen un nach ne Weile uffn Kuchenblech ausrolln. Denne mit zerlassene Butter bepinseln, Zucker un Vanilljezucker drübber streun. Bei mittlere Hitze joldjelb abbacken.

Das annere Rezept is for sparsåme un kalorienbewusste Leute. Schmeckt aber ooch lecker, kannste jloom, un is ville jesünder!
1 Fund Majarine
1 Fund Mehl
1 Tasse dicke Milch, ar von richtije Frischmilch!
Das mengste denn alles zun festen Teich. Wichtich: Ville kneten! Das Janze kommt denn eene janze Nacht in Kühlschrank, annern Tach raus un widder feste kneten. Denn ausrolln, uff zwee Bleche verteiln un een Jemisch von Zucker un Vanilljezucker drübberwech streun. Ooch bei mittlere Hitze abbacken.
Juten Appetit! (Ursula Eltzsch)

De Jrude
ist eigentlich keine Magdeburger Besonderheit, denn diese Kochgelegenheit (die Grude) gab es bis ins 20. Jh. auch in den Küchen anderer Städte und Dörfer: De Jrude war entweder in Mauerwerk injelassen oder mit Kacheln umjeben, ca. 180 cm hoch un mit Jrudekoks befeuert. Tach un Nacht hat se jebrannt. Wenn de Asche åbends uff de Jlut jekippt hast, hat se langsåm jebrannt un nächsten Morjen war noch Jlut då. De Kochpötte sind dådrinne lange wårm jebliem.

Wie jetze der Mückenwirt ne Jaststätte an de Elbe is, so jabs „ins olle Machdeburch" enne jemütliche Kneipe unter dissen Namen: „De Jrude". Se wår ins Jåhr 1869 zwischen Petri- un Jåkobsförder uffn Unterjrund von ne olle Schiffmühle aus Balken un Bretter zusammenjezimmert worn.

Frühmorjens kåm hier schon de Leute an. In ne janze Umjejend jåbs keen so saftijes Pökelfleisch un keene so zårte Schweineschnauze wie hier. Janz klasse war aber ooch der scharfjewürzte saure Ål, dens bei Muttern Möbes, de Wirtin vonne Jrude, jåb.

Der Mann von ne Wirtin, de zweete Hälfte, wie wer so scheen såren, hieß „Techniker" un sorchte for das jefleechte Blonde, es Bier.

Ooch fremde, „fürnehme" Leute kåmen sojår inne Jrude. Ejål wo se herjekomm sin, alle wordn mit „Du" anjesprochen. Dådurch wårn alle wie Brüder un Schwestern, un es jåb selten Streit. Wenn åber nu trotzdem må eener laut wår oder zu tief ins Jlass jekuckt hatte un jejen de Jrundrejel uffmuckte, machte Våter Möbes Ordnung. So wår in disse kleene Kneipe Ruhe un Jelassenheit, besser als in manch een „fürnehmes Restaurant" inne Stadt.

En Abenteuer wår das Janze, wenn de Elbe Hochwasser hatte. Denn kuckten de Leute, ob de Jrude schon schwimmt oder nich. Is se jeschwomm, denn wårs Wasser jarantiert 3 m hoch un de Jrude schunkelte an Ketten von „Techniker" Möbes festjemacht uff de Welln.
(Herbert Rasenberger)

Lass de Jrude nich ausjehn!
Das ist ein freundlicher Abschiedsgruß, der aus den Zeiten stammt, in denen die *Jrude* noch eine wichtige Funktion in der Küche und damit auch für das Wohlergehen der Familie inne hatte. Eine Reihe älterer Magdeburger benutzt oder kennt diese Floskel noch.

Stech må den Jass an!
In Haushalten, die einen Gasherd besitzen, ist diese Aufforderung möglich, wenn auch wohl nur noch im Spaß gebräuchlich. Aber mit der Unterscheidung von *stechen* und *stecken* tut man sich schwer. Während also *der Jass anjestochen* wird oder jemand sich mit *eene Jrippe ansticht,* ruft eine Schneiderin: *Ich habe mich mit die Nådel jesteckt!*

4. Kopp und Beene

Der Kopp

Der **Ballon**
ist eine Bezeichnung für den Kopf. *Ich hau dich een an Ballon, då wackelt de Jondel!*

Die **Bläke**
So bezeichnet man die Zunge, besonders wenn sie herausgesteckt wird, deshalb heißt es auch: *Der Bengel bläkt de Zunge raus.*
Die **Matzbläke** ist dementsprechend ein freches Kind.

Der **Bräjen**
Was sich im Kopf befindet, ist der *Bräjen,* also eigentlich das Gehirn. Nun wird sich für manche Leser auch klären, woraus die beliebte *Bräjenwurscht* zu großen Teilen besteht!

bräjenklüterich
wird man, wenn einem viele verschiedene Dinge im Kopf umherschwirren, wenn es so trübes Wetter ist, dass man schlecht sehen kann oder andere unangenehme Umstände langsam Kopfschmerzen heraufbeschwören.

„... und wieso sollen diese Köpfe der Politiker vor Feuer schützen?" – „Na, wo Vakuum ist, da brennt nichts."

Die Bramme
Der hat hat åber ne jroße Bramme!

Die Bratschlabbe
entspricht ebenso wie das Glupschoore nicht den Schönheitsidealen, denn so wird ein hässlicher Mund bezeichnet, der sich zum Lächeln kaum eignet und dessen Mundwinkel eher nach unten zeigen. Wörtlich genommen handelt es sich um Lippen, auf die jemand geschlagen hat, was ja wahrhaftig der Schönheit und einer fröhlichen Stimmung nicht zuträglich ist.

Die Brusche
ist eine Beule.

Der Deetz
Da haut der den doch mit die Krücke eene uffn Deetz!

Das Glupschoore
ist keine Zierde für einen Menschen, sondern bezeichnet besonders hervorstehende, große Augen, wörtlich sind es eigentlich ‚tückische, schielende' Augen. Aber auch, wenn man von einer Person besonders intensiv und unangenehm angestarrt wird, rechtfertigt das den Ausspruch: *Man, mach nich sonne Glupschooren!*

Die Horchlöffel
sind natürlich die Ohren, deren Funktion hier gleich noch mit genannt wird, nämlich das Horchen.

Das Jesichte
Der hat een Jesichte wien Feuermelder: Rinbuffen un wechloofen!

Der Jrips
Der hat Jrips! Dieser Ausruf zollt einem klugen Menschen höchstes Lob, denn es bedeutet, dass jemand Gehirn hat, das er offensichtlich auch gebrauchen kann. Wer keinen Grips hat, dem gibt man den Rat:

Koof dich ne Tute Bildung,
mich hat's ooch jeholfen!

Klopp dich må de Säjespäne von
Paletot, dein Holzkopp is jeplatzt!

Een Klappoore/Klapperoore krijen
bedeutet, dass man über eine Sache äußerst erstaunt ist. *Da krist'e een Klapp(er)oore!*

Der Kneisel
Nach einer durchzechten Nacht kann man stöhnen: *Oh, mein Kneisel hat acht Ecken!*

Der Kopp
Zu *Kopp* (Kopf) gibt es viele Zusammensetzungen, die meistens ein Schimpfwort bilden: *Blubberkopp, Kloßkopp, Knallkopp, Quasselkopp, Basselkopp …*

koppheister
springen Kinder ins Wasser, wenn sie einen *Köpper* machen, also einen Kopfsprung. *Koppheister* kann man aber auch eine Tasche auskippen oder die Treppe herunterfallen. Aber wenn man alles stehen und liegen lässt, etwas Hals über Kopf macht, kann das auch *koppheister* sein: *Koppheister stürzt' se aus en Zuch.*

Die Labbe (auch: **Lawwe)**
ist eine ziemlich unfreundliche Bezeichnung für den Mund. Die negative Steigerungsform stellt die *Bratschlabbe* dar.

Pass bloß uff, dass der nich noch mit de Fresse uff de Labbe fällt!

Die Loden
nennen die Magdeburger die *Wolle uffn Kopp.*

Die Neese
bezeichnet die Nase.

Ne Neese
Die Redewendung *Du bist ne Neese!* richtet sich an einen Menschen, den man freundlich auf seine Schwächen aufmerksam macht. So kann bspw. ein Vater seinen Sohn anreden, wenn der mal wieder sein Frühstück vergessen oder als Torwart beim Freistoß den Pfiff des Schiedsrichters verpennt hat.

Då biste Neese! oder: **Då machste Neese!**
In dieser Situation hat jemand Pech gehabt. Die Straßenbahn fährt vor der Nase weg, das letzte Superschnäppchen landet im Einkaufskorb eines anderen Kunden oder es gibt keine Eintrittskarten für das entscheidende Pokalspiel des SCM mehr.

Die Omme(l)
ist eine von vielen Bezeichnungen für den Kopf. *Man, hat die ne fette Brusche anne Omme!*
Auch schon mal gehört: *Ommenstrip*, was früher auch als *Klapsband* bezeichnete wurde. Im Sport benutzt man es als Schweißband, im Winter als Ohrenschützer.

Das Oore
Hierbei handelt es sich um das Auge. Eine besondere Ausprägung stellt das *Glupschoore* dar.

Die Rübe
Es ist sicher nicht verwunderlich, wenn gerade diese Feldfrucht der Magdeburger Börde ihre Spuren im Wortschatz hinterlassen hat. Ihre Form verleitet ja geradezu, sie als Metapher für den Kopf zu nutzen. Allerdings ist auch diese Benennung wie die anderen hier zusammengestellten wenig schmeichelhaft!
Der kricht eens an de Rübe.

Sie håm jewonn'n!
Das Menetschment vonne Reklåme,
so jlob ich wår der Name,
schickt alle Dåre dich Jewinne,
inne Prospekte stehts jedenfalls so drinne.
Füllst'e den Bestellschein aus,
liefern se sojår „Freihaus"!
Bleibt der Bestellschein åber leer,
denn hörste von Menetschment nischt mehr!
Mit'n Jewinn, då machst'e Neese,
lass de Finger von, is alles Keese!
(Herbert Rasenberger)

Die Schnute
ist eine liebevoll-rustikale Bezeichnung für den Mund und natürlich wortgeschichtlich mit der weitaus unfreundlicheren Schnauze verwandt.

Lass uns må ne Schnute voll erzähln!

Der Troppenfänger oder **die Bremse** (auch: **Rotzbremse)**
Dies sind Bezeichnungen für einen Schnauzbart, der bei Schnupfen eine bestimmte Funktion zu erfüllen hat.

Der Rest von'n Menschen

Ich fiehle mich wie vorn Bauch jeklatscht!
Auch: **Ich fiehle mich jebauchklatscht!**
Das ist ein Ausruf, der besagt, dass man über Gebühr und von jemandem, von dem man es kaum erwartet, gelobt worden ist.

Die Beene
so nennt man in Magdeburg nicht etwa nur die Beine, nein, die Füße bzw. die darüber sitzenden Schuhe sind auch gemeint. *Du mit deine dreckjen Beene kommst nich in mein frisch jewischten Korridor! Tritt dich jefällichst ab!*

Nischt jejen Beene, åber Jurken jehörn ins Fass!
Hier handelt es sich aber offensichtlich um Beine, die nicht zu einem Model gehören.

Da krieje ich sonn Hals,
wenn ich das schon widder sehe, wie die sich anstelln tut! Wenn sich also jemand kräftig ärgert, der Blutdruck steigt und die Luft wegbleibt, dann *kricht er sonn Hals.*

Man, is die in Jange!
Dieser Ausruf kann zweierlei meinen: Einerseits zeigt sich die gemeinte Person, wenn es denn eine Frau ist, als *dicke Madam*, also recht beleibt. Andererseits trifft der Ausdruck auch auf eine Person zu, die sehr aufgeregt, über etwas verärgert oder heftig mit einer Tätigkeit beschäftigt *(in Råge)* ist.

Die Mauken
Diese Füße haben sicherlich mindestens die Grüße 42, außerdem dürften sie das Aroma von Harzer Käse verbreiten. Ist dieser Duft etwas stärker, nennt man die entsprechenden Füße auch *Käsemauken.*

Alles kann ich verträren,
bloß nich vorn Måren schlåren!

Die Plautze
Eigentlich wird das Wort nur verwendet, um zu beschreiben, dass jemand Probleme mit den Bronchien oder der Lunge hat, schlecht Luft bekommt und husten muss, dann *hat man's uff de Plautze.*

Die Sauerkohlstamper
Es ist wahrhaft kein Kompliment, wenn jemand über die Beine einer Dame sagt, dies seien *Sauerkohlstamper!* Sie sind dann das Gegenteil von rank und schlank, aber vielleicht besonders gut geeignet, fest im Leben zu stehen oder auf traditionelle Weise an der Herstellung von Sauerkohl mitzuwirken.

Mit'n Storch jeknobelt un de Beene jewonn!
Diese Feststellung beschreibt, dass eine Person von der Natur mit besonders dünnen Beinen ausgestattet worden ist, so dass der- oder diejenige *uff Ståksen rumloofen tut.*

Nu bråt mich eener en Storch un de Beene recht knusprich!
Wenn dieser Ausruf zu hören ist, so wurde jemand in höchstes Erstaunen versetzt und findet irgendeine Sache unglaublich.

Wie de Zicke in Melkemmer!
Auch hierbei liegt das Augenmerk auf den Beinen eines Menschen. Stecken seine *ståksijen Stöcker* in relativ weiten Stiefeln, dann bietet sich der Vergleich mit den Ziegenbeinen im Eimer einfach an.

Die Quadråtlåtschen

Das sind Füße, die sich durch besondere Größe auszeichnen und mitunter auch mit „Schuhjröße Jeijenkasten" charakterisiert werden.

Malheur in Machdeburch

Paule un Harmann stehn in Machdeburch anne Ecke vonne Prälåtensträße. Såcht Paule zu Harmann: „Pass må uff, zu dun håm wer doch jråde nischt, nee? Wir jehn må uff de Strombricke, un wenn denn son oller Äppelkåhn anjefåhrn kommt, denn stell ich mich uffs Jeländer, huppe druff un fåhr en Sticke mit! Soll ich das må machen?"

„Mensch", såcht Harmann, „machste jå doch nich. Åber wennste ne Låre schmeißt, denn will ich wenichstens mitkomm!"

Na, se drinken beede bein Ollen Marcht, anne Bretterbude noch en doppelten Klårn un en Bier un jehn los. Als se uff de Strombricke stehn, kommt dåhinten en Kåhn anjefåhrn. Paule stellt sich uffs Jeländer, un als der Kåhn schon halb unter de Bricke is, springte ab. Nu hatte åber nich dribber nachjedacht, dass er ne Weile braucht, bis er unten is. So würd er jråde noch von den een Ankerhåken anne Årschklappe vonne Hose erwischt, rudert mit alle Viere un brillt hoch: „Du Harmann! Håk mich må den Kåhn von Årsch, ich hå Malheur jehatt!"

(Herbert Rasenberger)

5. Asten und puckeln

asten

Das muss ein Mensch, wenn er sehr schwer zu tragen oder sich beim Laufen heftig anzustrengen hat. So müssen z. B. die Möbelträger *janz schöne was asten, wenn se son Klavier innen zweeten Stock hochtråren müssen.*

Beene in Bauch stehn

Eine Verkäuferin, die den lieben langen Tag stehend auf Kundschaft wartet, kann das von sich ebenso behaupten, wie jemand, der als Kunde lange anstehen muss. *Die steht sich mit ihrn Jemüse uffn Ollen Mårcht de Beene in Bauch!*

buffen

Man, der kann buffen! Das ist nicht etwa ein Ausruf, für einen Schlägertypen. Es ist vielmehr lobend gemeint für einen fleißigen, zupackenden Arbeiter. Eine ganz andere Verwendung des Wortes liegt in folgendem Zusammenhang vor: Wenn eine Frau ein uneheliches Kind bekam, hieß es über den Kindsvater: *Der hat die anjebufft!*

Der Dråsch

Wenn jemand Drasch hat, so muss diese Person eine Arbeit oder bestimmte Aufträge unter Zeitdruck erledigen, *sich abdråschen*. Übrigens wird die Bezeichnung *dråschen* auch für starkes Regnen verwendet: *Man, das dråscht jewaltich!* (Manche sagen auch: *Es jaucht!* oder *Es pladdert!*)

Ran an Sårch un mitjeweent!

Hier handelt es sich nicht um eine Aufforderung an die Trauergäste bei einer Beerdigung, vielmehr lautet so die burschikose Aufforderung an untätige Zuschauer. Statt zuzusehen, wie andere eine schwere Arbeit bewältigen, sollen sie lieber mit anpacken.

Halt mich må de Zijarre, ich muss då mank!
Diese Aufforderung kann einerseits bedeuten, dass jemand unbedingt bei einer Sache helfen will, die bereits einen Menschenauflauf verursacht hat (z.B. ein Klaviertransport), aber andererseits kann er statt zu helfen auch vorhaben, in einer *Klopperei* mitzumischen.

Die kommt dich doch von Rennen ins Loofen!
Man sieht es vor sich, wie eine Person in großer Eile ins Stolpern gerät, nach Halt sucht, ihn nicht findet und immer schneller wird. Hoffen wir auf ein gutes Ende!

puckeln
Diese Tätigkeit bedeutet, dass jemand eine schwere Last auf dem Rücken zu tragen hat. *Denn muss der z.B. eenen Sack Kohlen in Keller runterpuckeln oder Kartoffeln hoch in dritten Stock ruffpuckeln.*

uffrebbeln
Die rebbelt sich ja for ihre Kåln uff! Un wer dankt die das? Keener!
Wenn sich also jemand völlig uneigennützig um jemanden oder um etwas kümmert und dabei viel Zeit und Mühe aufwendet, so dass es schon über die eigenen Kräfte geht, dann *rebbelt* sich dieser Mensch *uff*. Aber der Ausdruck kann sich auch auf Gestricktes beziehen, wenn die Nadel herausgezogen wird und die Maschen sich auflösen, dann wird *uffjerebbelt.*

Zieh må de Muskeln straff!
Das ist eine unmissverständliche Aufforderung, bei einer schweren Arbeit anzupacken.

6. Botten und Socken

Die Botten
gibt es nur im Paar, denn es sind große, ungepflegte und oft alte Schuhe. Deshalb gibt es z. B. *Gartenbotten* oder *Hofbotten*, und die Hausfrau fordert: *Lass man die ollen Botten vor de Türe stehn!*

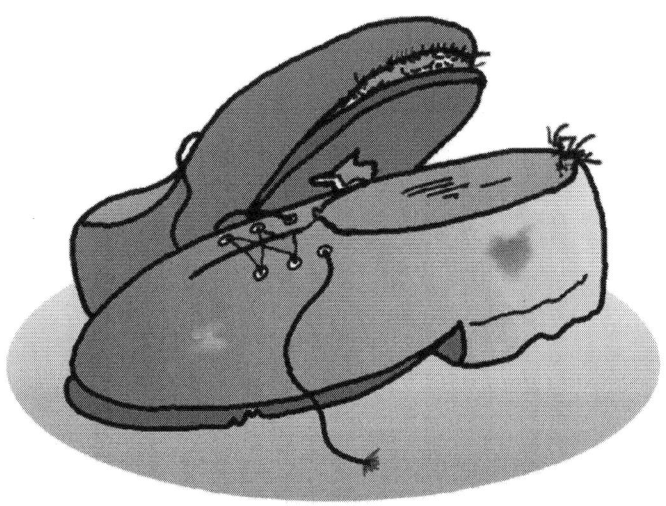

Die Buxen
sind Hosen, besonders auch Unterhosen.

Mach dich man nich so breit, oder haste es Hemde vorkehrtrum an!?
Diese Aufforderung weist jemanden in seine Schranken, wenn er im Wege steht oder sich wichtig macht (*sich dicke tut).*

Die Plätte
ist ein wichtiges Haushaltsgerät, um die Kleidung zu glätten. Zur Ausstattung gehört neben diesem Bügeleisen auch ein *Plättbrett.*

Da biste vielleicht jeplättet!
Wer das ausruft, kommt sich vor, als sei er mit einer Plätte bearbeitet worden.

Die Socken
Mit diesem Wort werden in Magdeburg nicht die Herrenstrümpfe (*Strümpe)* bezeichnet, sondern Hausschuhe. Wer nach Hause kommt, zieht sich also erst einmal die Schuhe aus und die *Socken* an. Dennoch kann man sich auch in Magdeburg *uff de Socken machen*, wenn man losgehen möchte.

Der Sockentrolli
ist dementsprechend ein Mann, der nicht fest auftritt und als Leisetreter bezeichnet werden kann. In seiner Ehe hat wohl eher die Frau die Hosen an, seine Umwelt betrachtet ihn als einfältig und etwas dümmlich.

Der Poll
ist eine (Pudel-) Mütze. Wenn jemand eine dumme oder unbedachte Äußerung macht, etwas unsinniges tut, so heißt es: *Du hast woll een an Poll!*

7. Bimmel und Lektrische

Der Äppelkåhn
ist kein Schiff der Weißen Flotte, denn die heißen **Verjnüjungsdampfer.** Es sind vielmehr kleine Lastschiffe, die auf der Elbe stromauf und -ab schippern.

Kindermund
Es war Sonntag. Jede Menge Ausflügler waren unterwegs, um das herrliche Wetter zu genießen. Klaus und ich gingen zur Stromelbe und wollten dann über die Brücken zum Herrenkrug. Vor uns ging ein Vater mit seinem kleinen Sohn.

Von weitem sahen wir mehrere Schiffe kommen. Der Kleine vor uns hatte die inzwischen auch gesehen.

Schnell zog er seinen Vater zum Geländer und rief begeistert: *„Vati, Vati, kucke må, so ville Kåhns!"*

Der Vater sah sich erschrocken zu den übrigen Spaziergängern um und meinte leise: *„Junge, aber das sind doch Kähne!"*

„Was?", rief der Junge und sah seinen Vater wütend an: *„Das sind keene? Na hör mal, ich werd doch woll noch Kåhns kennen!"* (Hannelore Märtens)

Die Båhne
ist einerseits ein Verkehrsmittel, das sich gern als moderne „Bahn AG" präsentiert, Magdeburg jedoch ziemlich stiefmütterlich behandelt. *„Båhne!"* oder *„Båhne frei!"* rufen aber auch die Kinder, wenn sie auf der „Todesbahn" die steilen Berge Magdeburgs hinabrodeln.

Die Bimmel
ist wohl eine neuere Bezeichnung, die die Magdeburger für ihre Straßenbahn verwenden.

Die Lektrische
bezeichnete die Nachfolgerin der Pferde- bzw. Dampfbahn. In Magdeburg gibt es diese moderne und umweltfreundliche Art der Fortbewegung durch den Einsatz des elektrischen Stromes seit 18. Juli 1899. Aus Gründen der persönlichen Energieeinsparung lassen die Magdeburger das *E-* von *Elektrische* weg.

Rinnjefalln!
Seit Omå alleene is, is se eene von die eifriejen Nutzer der Machdeburgjer Stråßenbåhn jeworn. Natierlich mit ne Neun-Uhr-Jåhreskarte, wie sich das for ne orntliche Rentnerin jehörn tut. Se kutscht denne so zum Zeitvertreib in alle Richtungen, wo de Bimmel or de Bus vonne MVB so lang fåhrn. Dådurch sieht se ne Menge vonne Stadt und ville Leute. So weeß se ooch, wie de Fåhrscheinkontrolleure aussehn, jenfalls de meisten von se. Eenes scheen Sonntachsnachmittachs steicht Omå anne Alexanderstråße inne Bimmel, weil se nachen Breiten Wech hin will, då wohnt se nämlich. Mit injestiejen is ooch een junksches Pår, Sportkarre un zwee Kramm. De jrößere von die Beede is jleich mit de Schuhe ruff uff'n Sitz. Kann se jå besser rauskucken! Omå schluckt bloß, wenn de Eltern nischt såren?! Nächste Haltestelle, Nickel (Nicolaiplatz), is ne langhaarije blonde Frau injestiejen. Omå wusste, das is ne Kontrolleurin! Anscheind hatte der Familienvåter

ooch schon Bekanntschaft mit se jemacht, denn der jing zum Fåhrer un koofte schnell Fåhrscheine. Die Blonde is åber sitzen jebliem, hatte woll ihrn freien Tach. Dumm jeloofen for die Viere, åber jut for de MVB!
(Ursula Eltzsch)

Ich mache dich jleich Licht ans Radd! (Åber lektrisches!!)
Offenbar hat sich da jemand einen deutlichen Rüffel verdient. Wenn diese Zurechtweisung noch verstärkt werden soll, dann wird die Ergänzung *„åber (e)lektrisches"* hinzugefügt, denn offensichtlich stammt die Redewendung aus Zeiten, da die übliche Fahrradbeleuchtung noch aus Karbid- oder Öllampen bestand.

Das Flitzepee
ist eine liebevolle Bezeichnung für das Fahrrad, bei der das Französische Pate gestanden hat (vélocipède). Allerdings haben die Magdeburger völlig richtig erkannt, dass dieses Rad zum Flitzen geeignet ist, was in seinem Namen deutlich werden soll.

Mits Radd nach Stadt!
Auf die Frage *„Wo willste denn man so schnell hin?"* kann die Antwort *„Mits Radd nach Stadt!"* lauten. Allerdings ist die Redewendung in Zeiten entstanden, als viele Stadtteile noch selbständig waren und man also nach Magdeburg fuhr. Nun ist damit gemeint, dass man in das Zentrum fährt. Naja, und bei dem heutigen Autoverkehr und der Parkplatznot ist es sowieso günstiger *mits Radd nach Stadt* zu fahren.

8. Plättbolzen und Käseglocke

Die Baracke
ist keine baufällige Gartenlaube. Es handelt sich vielmehr um den legendären Treffpunkt vieler Studentengenerationen auf dem Campus der Otto-von-Guericke-Universität. Der Name bezieht sich auf die äußere Hülle dieser Institution, lässt aber keine Rückschlüsse auf die Qualität des Studentenlebens darin zu. *Manche, die inne Båracke Stammjäste sin, komm morjens frühe nich aus de Kiste.*

Der Blaue Bock
ist kein Denkmal, das man der gleichnamigen Fernsehsendung mit dem hessischen sauren Wein gesetzt hat. Es handelte sich vielmehr um ein Gebäude an der Ernst-Reuter-Allee, das als hässlicher Vertreter der deutschen Plattenbauära einen blauen Schandfleck im Herzen Magdeburgs abgab. Schon zu „tiefsten DDR-Zeiten" trug das in Magdeburg allgemein übliche „West-Fernsehen" dazu bei, dass aus dem *bleuen (Wohn-) Block* im Volksmund ein *Blauer Bock* wurde. *Åber nu isser abjerissen, un eijentlich kanns nur besser wern.*

Der Hassel
ist keine typische Magdeburger Baumfrucht. Es handelt sich vielmehr um die übliche Verkürzung des Namens für einen der wichtigsten Verkehrsknotenpunkte der Stadt. Eigentlich erhielt der Platz seinen Namen nach einem bedeutenden Magdeburger Bürgermeister, nämlich Carl Gustav Friedrich Hasselbach (1809–1882), dem zu Ehren 1890 dort ein repräsentatives Denkmal gewidmet wurde (es befindet sich heute an der Lüneburger Straße/Haydnplatz). Aber Hasselbachplatz ist für viele Magdeburger einfach zu lang oder zu schwer auszusprechen. Öfter hört man neben *Hassel* auch die absichtliche Verdrehung *Hasselplatzbach* oder die aus neuerer Zeit stammende Anspielung auf die Konzentration vieler Finanzinstitute, wenn man vom *Hasselbankplatz* spricht. *Fåhr nach'n Hassel, då jibt's ville scheene Kneipen!*

Der Kleene Hasselbachplatz
Håmse jewusst, dass es nebm jroßen Hasselbachplatz inne Stadt ooch'n „Kleen" jibt? Uffen Südfriedhof hinter de Kapelle jibts den. Ringsum sin Jräber von Oberbürjermeester un Ehrnbürjer: Carl Gustav Friedrich Hasselbach (1809–1882), Wilhelm Ludwig Conrad Listemann (1832–1893) un Friedrich Heinrich Julius Bötticher (1826–1895). Der „Kleene Hassel" liecht uffn kleen Berch, injefasst von Lorbeerbusch un niedrije Jewächse. Kucken sen sich må an! (Herbert Rasenberger)

Die Käseglocke
ist nicht etwa ein Behältnis für Bauernkäse oder Camembert. Es handelt sich vielmehr um eine kleine gastronomische Einrichtung an der Haltestelle der Straßenbahnlinie in den Herrenkrug, gelegen in der Nähe der Bördelandhalle. Die Magdeburger haben den Namen offensichtlich nach der Form dieses Gebäudes (rund und nicht sehr groß, eben wie eine Käseglocke) gegeben, mit dem Geruch in der Gaststätte hat der Name wohl nichts zu tun.

Wir beede könn uns morjen bei de Käseglocke treffen un denn nach de Bördelandhalle (nu JEHTEC-Årenå) jehn.

Die Kiste
ist keine hölzerne Aufbewahrungsbox. Es handelt sich vielmehr um den traditionellen Treffpunkt der Studierenden des medizinischen Teils der Otto-von-Guericke-Universität.
Ville von die anjehnden Mediziner machen inne Kiste dolle Experimente mit ihre Jesundheit.

Kiek in de Köken
ist keine plattdeutsche Aufforderung, anderen Leuten in die Küche zu kucken (*Kucke in die Küche!*). Es handelt sich vielmehr um den Namen eines alten Wehrturms aus dem 15. Jahrhundert, der heute noch auf dem Fürstenwall am Ufer der Elbe zu besichtigen ist. Von dort aus hatten die Stadtwachen eine gute Sicht nicht nur über die Elbe hinweg auf das östliche Vorland Magdeburgs, sondern dem Sagen nach auch nach Westen in die Küche des Bischöflichen Palastes. Da

man in Magdeburg bis in das 19. Jahrhundert hinein Plattdeutsch sprach, blieb dieser Name des Turmes in seiner niederdeutschen Form überliefert. *In Kiek in de Köken machen se manchmå Ausstellungen ibber de Stadtjeschichte.*

Die Messe
ist keine Verkaufs- oder Produktausstellung in den Hallen des Elbauenparks. Es handelt sich vielmehr um eine Ansammlung von Karussels und Verkaufsbuden, die als zeitweiliger Vergnügungpark im Frühjahr und Herbst aufgebaut werden. Andernorts wird hierfür das Wort Rummel, Jahrmarkt oder Wiese gebraucht. In der Bezeichnung *Messe* klingt die alte Tradition des Mauritiusfestes am 22. September nach, das mit Verkauf und Unterhaltung anlässlich dieses hohen kirchlichen Feiertages in früheren Zeiten auf dem Domplatz (dem „Neuen Markt") verbunden war. *Wir essen uff de Messe jerne ne Bråtwurscht.*

Die Müllerpfütze
ist keine Wasserlache vor dem Wohnhaus der Müllers. Es handelt sich vielmehr um das älteste Freibad Magdeburgs und trägt eigentlich den Namen „Carl-Miller-Bad" (nach Carl Miller, 1860–1930, Kommunalpolitiker). Entstanden aus einem ehemaligen Feuerlöschteich, ist es heute eine moderne und beliebte Freizeiteinrichtung besonders für die Kinder des Stadtzentrums. Ihre Verbundenheit mit dem Bad drücken die Magdeburger u.a. durch die liebevoll-burschikose Bezeichnung Pfütze für das gar nicht kleine Bad aus, und Miller mit i kann hier ohnehin niemand ohne höchste Konzentration aussprechen, zumal der Name Müller viel geläufiger ist. *De Kåln jehn in Sommer jerne inne Müllerfütze, då könn se jut en Köpper üben un inne Sonne liejen.*

Das Pottlappenviertel
ist kein Stadtteil, in dem vorwiegend Topflappen verkauft werden. Es handelt sich vielmehr um eine Bezeichnung, die auf ein legendäres Stadtviertel, das bis zu seiner Zerstörung im Jahre 1945 existierte, verweist. Wie auch *Knattergebirge* bezieht sich dieser Name auf ein Viertel in der Region zwischen heutiger Jakobstraße und Elbe sowie Lukasklause und Johanniskirche. Es ist eine abschätzige Bezeichnung, denn hier lebten auf engstem Raum viele arme Familien. Der Name kann sicherlich auf die schon unter Otto I. hier angesiedelten westslawischen (polabischen) Familien bezogen werden, die ihren Wohnort mit *pod Labem* ('unten an der Elbe') angaben, was später von den Magdeburgern in Pottlappen (niederdeutsch für 'Topflappen') verballhornt wurde: *Du kommst ja man woll aus'en Pottlappenvürtel?*

Der Plättbolzen

ist nicht geeignet, um damit seine Wäsche zu bügeln (zu *plätten*). Es handelt sich vielmehr um ein markantes Geschäfts- und Wohnhaus unmittelbar am Hasselbachplatz, das wie fast alle Häuser hier den hochherrschaftlichen Charme der Gründerzeit ausstrahlt (Baubeginn 1885). Den Namen haben ihm die Magdeburger nach seiner Form gegeben, denn der Grundriss und die Gestaltung der Gebäudeecke, die mit ihren Balkons auf den Platz hinausragt, erinnern an einen Plättbolzen. Als der Name entstand, bügelte man noch mit einer eisernen Plätte, in die ein erhitzter Bolzen gelegt wurde. Der Plättbolzen ist aus dem Haushalt inzwischen verschwunden, aber der Name für das Haus am Hasselbachplatz ist geblieben.

Uff de Stråße an Plättbolzen verkoofen se manchmå Spårel oder Zeitungen.

Das Knattergebirge
ist kein Naherholungsgebiet in der Nähe der Stadt. Es handelt sich vielmehr um eine volkstümliche Bezeichnung für das heute zwischen Jakobstraße und Elbe sowie Lukasklause und Johanniskirche gelegene Viertel, das mitunter auch *Pottlappenviertel* genannt wurde. Dieses Stadtviertel trug bis zur Zerstörung 1945 im Volksmunde den Namen *Knattergebirge*, wohl wegen der vielen *-berg*-Straßen (z. B. *Faßlochsberg, Johannisberg(straße), Wallonerberg, Petersberg, Trommelsberg* und *Magdalenenberg*) und des Lärms, der u.a. durch das Holperpflaster entstand, wenn die Wagen hinab zum Elbufer rollten. *Nu rede må orntlich, oder stammste aus Knatterjebirje?*

Das Stadt Prag
ist kein spezieller Stadtteil Magdeburgs. Es handelt sich vielmehr um den Namen eines Restaurants an der Ecke Breiter Weg – Ernst-Reuter-Allee, gegenüber dem Allee-Center. Es wurde dort nach der Erbauung der damaligen Wilhelm-Pieck-Allee (zu der auch die *Weinarkade* gehörte) eingerichtet und stellte einen beliebten Treffpunkt der Magdeburger und Magdeburgerinnen dar. Die in der zweiten Etage befindliche Tanzbar hatte ihre Freunde besonders unter der jüngeren Generation. Nach 1990 zog in die Räumlichkeiten eine Restaurantkette ein, die von jungen Leuten auch *Mc Doof* genannt wird.

Die Weinarkade
ist kein Weinrestaurant und auch kein Weinberg. Es handelt sich vielmehr um eine Ortsangabe, die sich auf die Otto-von-Guericke-Str. 104 bezieht, ein Haus, das zu den sogenannten *Stalinbauten* im *Zuckerbäckerstil* gehört. Dort befand sich seit der Errichtung dieses Hauses ein Weinfachgeschäft gleichen Namens mit einer gemütlichen Probierecke. Auch als nach 1990 dieses Geschäft verschwand, behielten die Magdeburger den Namen für das Haus bei. *Anne Kreuzung bei de Weinarkade is immer mächtig ville Verkehr.*

9. Um Achte und um Achte durch

Um Achte untern Schwanz von Joldnen Reiter!
Nachdem im Jahre 2000 der berühmte Magdeburger Reiter nach seiner Vergoldung wieder in vollem Glanz erstrahlt, besitzt nun die alte Redewendung wieder ihren Sinn. Jeder kann sich jetzt vorstellen, wo *uffn Ollen Mårcht* die Verabredung stattfinden soll. Allerdings muss man als Fremder auf die strenge Logik der Zeitangaben achten und tunlichst vermeiden, solche umständlichen Rechenkünste wie *Viertel vor* oder *Viertel nach Acht* zu benutzen:

Viertel Achte! (7.15 Uhr)
Stellen Sie sich die Uhr als eine Torte vor, dann ist es doch ganz einfach, pünktlich zu sein!

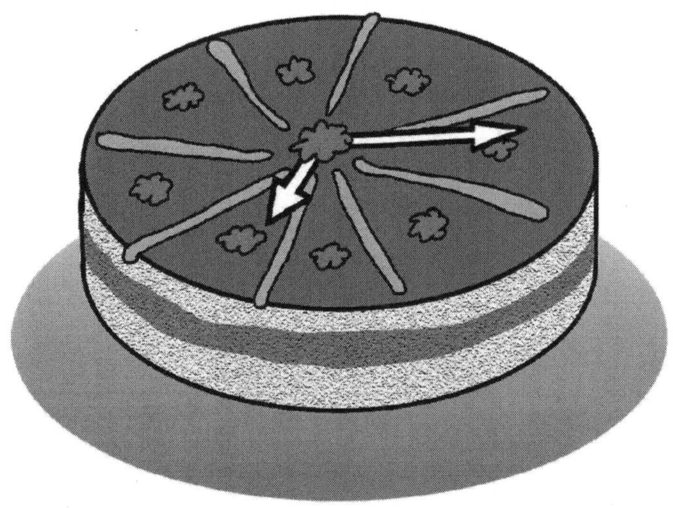

Halb Achte! (7.30 Uhr)
Das ist ganz klar eine halbe Stunde vor *um Achte.*

Dreiviertel Achte! (7.45 Uhr)
Eine viertel Stunde und eine halbe Stunde machen zusammen dreiviertel Achte!

Um Achte! (8.00 Uhr)
Steht der große Zeiger auf Zwölf und der kleine auf Acht, *denn is es um Achte.*

Magdeburger Echo:
Wie spät isses in Machdeburch?
Achte durch!
Naja, diese Zeitangabe gilt dann den restlichen Vormittag.

Die kommt dich doch jenau zu spät!
Unpünktlichkeit ist keine beliebte Eigenschaft, so ist dies auch als Kritik zu verstehen, denn ein präzises Zuspätkommen gibt es ja eigentlich nicht. Aber von der Person, über die hier geredet wird, erwartet man gar nicht mehr, dass sie pünktlich ist.

Der muss was Ehrliches uff die warten.
Was Ehrliches kann man warten, schwitzen, arbeiten etc. Es drückt also aus, dass jemand etwas besonders intensiv, lange oder angestrengt tut.

Und außerdem:
Zu spät is besser wie nie nich!

10. Man kennt sich!

Der kennt Ihnen woll, der sacht jå *du* zu Sie?

Een Freund von mich, der Ihnen kennt, hat mich was erzählt von Sie!

Een juter Freund von mich,
der Ihnen ooch kennt,
der hat mich was jesåcht von Sie.
Jetzt kenn ich Ihnen,
un das langt mich!
(Magdeburger Volksmund)

Lüje nich! Man hat sich bei mich nach dich erkundicht!
So kann die Antwort lauten, wenn jemand eine Bekanntschaft leugnet.

Komm ran, wenne was wist!
Jemand, der sich provoziert fühlt, reagiert hier ungehalten.

Von deine Sorte hå ich vorije Woche zwee inne Erde jedrückt! Die arbeeten in zwee Schichten, dass se widder rauskommen!

Da biste platt!

Neulich war son schönes Wetter, da bin ich een bisschen allene uff de Lübecker rumschlenkern jejangen. „Mensch“, denk ich, „das da hinten is doch die Meiersche?“ Man, hatte die sich velleicht uffjetåkelt! Se hatte mich ooch jesehn und winkte schon von weiten. Janz dolle schüttelten wer uns de Hände un tåten, als wenn wer uns Jåhre nich jesehn hätten.

„Haben Sie velleicht ein bisschen Zeit? Dann können wir uns doch auf die Bank dort drüben setzen!“, meinte se freundlich.

'Nanu, heute hat die Zeit, sonst rennt die doch immer in een Affenzåhn an mich vorbei!', dacht ich so bei mich. „Na jut“, ich wår inverstanden, schließlich hat ich en Tach Urlaub un deshalb ville Zeit. Außerdem wår ich een bisschen neujierich, un von die kann man ville erfåhrn, die kennt nämlich halb Neustadt!

Då såßen wer nu schon ne Stunde un zoren alle Leute, die vorbei jingen, dorch en Kakao. Es jing bloß immer abwechselnd: „Kucken Sie mal den mit der Glatze, der denkt auch, er ist der Schönste!“

„Hach, un die Dürre då hinten, mit das jriene Kleid, die kenn ich, na, das is velleicht ne olle Zimzicke!“

Es blieb åber ooch würklich keener verschont!

Bei disse Kommentåre verjing uns de Zeit natürlich wie im Fluch. So langsåm jing uns nu ooch schon der Jesprächsstoff aus, un ich kuckte jråde janz jelangweilt nach de Haltestelle.

„Och, Frau Meier!“, ich buffte se an. „Kucken Se sich må den då an, an den bleibt man jå backen, un das Hemde – brr – då schüttels ein richtich. Ob der keene Frau hat, dien bisschen uff den uffpassen tut?“

Die Meiersche kuckte in die Richtung von mein ausjestreckten Årm. „Ach, das ist doch der Heinz mit seinem Purzelchen!", meintese, un ihre Ooren krichten nen eijenårtijen Jlanz. Und: „Purzel, huhu Purzel – komm mal her! Na, nun komm schon! Hach, kuck mal, was ich Leckeres für dich habe!", rief se mit jedrehte Stimme wie vorrückt.

Purzel hörte ihre Stimme, ließ Herrchen Herrchen sin un kåm bei son verlockendes Anjebot mit jroße Sprünge freudich bellnd uff uns zu.

'Hoffentlich kommt den sein Herrchen nich ooch noch zu uns her!', dacht ich un traute mich jår nich, in die Richtung zu kucken. Schon von weiten hörte ich den speckijen Herrn jrüßen: „Juten Tach ooch, Erika, schön, dass wer dich hier treffen!"

Och, wår mich das peinlich, wenn mich bloß keene Bekannten in sonne Jesellschaft sehn! Ich versuchte janz schnell zuzuflüstern: „Såren Se må, Frau Meier, kennt der Ihnen? Der sacht jå *du* zu Sie!"

Åber die Meiersche rejagierte jår nich druff.

Sie stand vonner Bank uff, drehte sich bloß kurz um, sachte janz kühl: „Tschüss!", nahm de Leine von Purzel un den Årm von Heinzen. Denn machten se alle Dreie einträchtich nach de Straßenbåhne hin.

Ich wår språchlos! Jibts denn so was?! Sone feine Frau un so een Mann!

Un mir, mir ließen se einfach so uff de Bank sitzen!
(Hannelore Märtens)

11. Hüppeding und Kieselpeitsche

Das Hüppeding (auch: **Hüppekästchen)**
wird mit Kreide auf das Pflaster gezeichnet, mit Himmel und Hölle. Ohne die Striche zu berühren springen die Kinder nach einer bestimmten Reihenfolge, oder mit Hilfe eines Steinchens, das geworfen wird, in die aufgemalten Kästchen.

kieseln
Mit einer Kieselpeitsche und einem Kiesel können Kinder spielen, sie *kieseln*. Dabei kommt es darauf an, den Kiesel ständig in Bewegung zu halten, damit der sich schnell um seine eigene Achse dreht und über das Pflaster springt.

Kriejen
ist ein Spiel, das in anderen Gegenden z. B. *Haschen* oder *Fangen* genannt wird. Ein Kind muss ein anderes fangen bzw. abschlagen, das dann wiederum ein anderes fangen muss. Wer den Anfang macht, wird durch einen Abzählreim bestimmt.

Abzählreim:
Mank uns mank is eener mank, der nich mank uns mank nich mank jehört!

Das Verläuft
ist der Ort (z. B. ein Baum), zu dem sich die Kinder beim *Kriejenspieln* retten können, dort dürfen sie nicht abgeschlagen werden. Gerufen wurde beim Erreichen des Ortes jedoch außer *Verläuft!* auch *Unfrei!*

Staßfurt – Güsten
So heißen nicht nur zwei Städte im Magdeburger Umland, sondern Kinder riefen es, wenn sie mit einem Fuß auf und dem anderen neben der Bordsteinkante liefen. Auf diese Weise kann nun aber auch beschrieben werden, dass jemand hinkt.

Immer noch besser, als mit en dreckjen Rejenschirm en Stich ins Oore!

12. Dies und das

Wer Jott vertraut un Bretter klaut, der hat ne billje Laube!
Das ist ein Spruch, der vielleicht auch heute noch seine Berechtigung hat, jedoch wohl in den zwanziger Jahren des 20. Jahrhunderts bei den Laubenpiepern in Puppendorf entstanden sein soll.

Der Båbel und **der Båkel**
sind Sammelbegriffe für dies und das, also z. B. für den ganzen Krimskrams, den es im Haushalt oder einer Werkstatt so gibt.

Das kannste koofen!
Diese Aussage bedeutet eigentlich, dass man jemandem ein Produkt aus eigener Erfahrung sehr empfiehlt. So könnte bspw. Tante Berta ihrer Nichte den Kaffee von Röstfein ans Herz legen, wenn sie sagt: *Den Rondo trinke ich ooch immer, den kanste koofen, da machste nischt falsch bei.*

klaften jehn
macht den meisten Frauen Spaß, jedoch nicht den Verkäuferinnen, denn es bedeutet, dass man nur zum Sehen in die Geschäfte geht, nur probiert und nichts kauft. Davon kann natürlich kein Geschäft existieren.

Er is jrob, aber er meints ooch so!

Den håm se an de Klappaije jebufft
Diese Redewendung besagt, dass jemand was an den Kopf bekommen hat, was seiner Intelligenz nicht förderlich war.

Den håm se mit de Klappaije jebufft!
Was auch immer eine Klappaije sein mag (wahrscheinlich eine Kinderrassel), sie ist jemandem auf den Kopf geschlagen worden, so dass derjenige nun nicht mehr klar denken kann.

kleinjehackter Holzlåden
ist kein zertrümmerter Holzladen, sondern dort gibt es alle Kleinigkeiten, die man im Haushalt so braucht. Früher waren das z. B. Kleinholz, Lampenöl, Bier oder Käse. Damit war es ursprünglich eine Art Tante-Emma-Laden.

kneisten
müssen die Leute, die zu eitel sind, eine Brille zu tragen. Um dann eine Schrift genau entziffern zu können, werden die Augen zusammengekniffen und der

Text wird regelrecht angestarrt. Das führt dann vielleicht doch zu der Erkenntnis: *Man, ich kann jår nich mehr kneisten, nu brauch ich woll doch ne Brille!*

kwackich

Es handelt sich um einen körperlichen Zustand, den jemand am Morgen empfindet, wenn er sich am Tage zuvor *orndlich een uff de Lampe jejossen hat.* Nicht immer muss aber der Alkohol schuld sein, denn auch eine Krankheit, ein Schnupfen oder ähnliche Befindlichkeiten können Auslöser sein. Die Magdeburger haben den Ausdruck offenbar aus dem Plattdeutschen übernommen, denn dort bedeutet er ‚kümmerlich, nicht sehr lebensfähig', eben so, wie man sich bspw. nach einer durchzechten Nacht fühlt.

Jrippe, oder was?

Vorrichte Woche fing meene Olle an zu prusten, jleich en pår Må. „Was iss'en mit dich los, meine Kleene?", fråre ich se.

„Ich weeß man nich, in meine Neese juckts un kribbelts. Mich is janz kwackich! Ich jlobe, ich kriejen Schnuppen oder de Jrippe."

„Wårst'e eijentlich bein Dokter zu de Jrippeschutzimpfung?"

„Nee!"

„Na siehste, jetze haste dich bestimmt ne Honkong Å oder B injehandelt. Un nu haste den Sålåt, nämlich de Jrippe!"

Un Tåtsache, annern Tach hat ses in Kopp, ins Kreuze, wår krummelåhm. Se konnte ooch jår nich uffstehn aus ihr Bette. Nischt hat se jeholfen. Also ran mit'n Dokter, der kåm zun Hausbesuch un hat son Antibiokråm uffjeschriem. Meine Olle lach umme.

Un ich? En Haufen Dråsch ha ich jehabt: Bude ausfejen, Betten machen (kann ich sonst forn Dot nich leidn) un Inkoofen jehn. Dådernach is Mittachbrot anjesåcht, for mich jibts Jehacktesstippe mit Pellkartoffel un saure Jurke, for meine Madam Milchsuppe, klumpich zwår, åber se hat bloß pår Löffel jejessen. Nach'n Mittach hab ich de Küche erstmå widder uff Vordermann jebracht, mån, hab ich jewienert! Meene Jnädichste hat erstmå ne Stunde jeschnobbet. Na, un ich hatte mein Machen un Tun! So jing das weiter, keene Langeweile. Als se widder in Jange kåm, Sie, wår ich froh!

Nu pass ich aber uff, sårich Sie, dass sich meine Olle nächsten Herbst jejen de Jrippe impfen lässt. Wenn nich, mach ich's ooch nich, denn bin ich jleich mit krank un habe keen Dråsch mit se! (Herbert Rasenberger)

Der Labbetitsch

ist eine liebevolle Bezeichnung für einen Hund wie Boxer oder Bulldogge, die beim Fressen oder Saufen *mit de Labbe in'n Fressnapp hängen tun un sabbern.*

Der hat woll må was läuten jehört, aber nich jewusst, wo de Jlocken hängen!

Wenn jemand klug über etwas schwatzt, über das er gar nicht genau Bescheid weiß, so trifft diese Redewendung den Kern der Sache.

Mit'n Måh!

Will man in Magdeburg zum Ausdruck bringen, dass etwas plötzlich und unerwartet passiert, so eignet sich dieser Ausdruck vorzüglich dazu. *Mit'n Mah schießt der dich doch den Ball inne Scheibe!*

Der Pott

kann ein Kochtopf, eine große Kaffeetasse, ein Blumenkübel und vieles mehr sein. Auch wenn jemand einen komischen Hut trägt, sagt der Magdeburger charmant: *Was haste denn man widder fürn Pott uff?!* Und bei einem besonders langsamen Menschen, der nichts zu Ende bringt heißt es: *Der kommt einfach nich zu Potte!*

Das Rück

In einem Möbelgeschäft wird heutzutage niemand mehr nach einem *Rück* fragen, man drückt sich vornehmer aus oder sucht gleich selbst nach einem *Regal,* das an der Wand zu befestigen ist. (Es wird also nicht laufend ver*rückt!*) Darauf finden dann Gewürze und der ganze *Båkel,* den man so beim Kochen braucht, Platz.

runksen
tut jemand, wenn er ein Nickerchen macht und dabei schnarcht.

schackerich
Wenn es jemandem *schackerich* ist, sollte er oder sie eine warme Jacke anziehen und einen heißen Tee oder Grog trinken. Das Wort beschreibt also ein Gefühl, das man hat, wenn man z. B. an kühlen Spätsommerabenden im Freien sitzt und es langsam ungemütlich wird. Im Plattdeutschen des Magdeburger Umlandes kennt man es in der Bedeutung von ‚dämmrig, schummrich', was ja genau diese Abendstimmung beschreibt.

Die Schucke
ist eine Pumpe, bei der mit einem Pumpenschwengel das Wasser nach oben befördert wird. Manche sagen auch *Plumpe*.

Die Töhle
Hundefreunde werden diese Bezeichnung für einen Hund natürlich nicht verwenden. *Eene olle Töhle* ist z.B. ein Kläffer, der die Nachbarn nervt, oder ein Straßenköter, der den Kindern Angst macht.

Die Tute
ist ein gutes Verpackungsmittel für lose *Bollchen* oder Brötchen. Wenn aber ein Vorschlag rundweg abgelehnt werden soll, so heißt es: *Das kommt mich jår nich inne Tute!*

Der Wasen
So bezeichnet man in Magdeburg und Umgebung den Dampf, der beim Waschen oder Kochen entsteht und sich z.B. an den Fensterscheiben von Küche oder Waschhaus niederschlägt.

Wie sieht's n aus?
Das ist nicht die Frage, wie gut das alte Kleid zur neuen Haarfarbe passt oder das neue T-Shirt zu der alten Jeans. Hier soll vielmehr erkundet werden, wie es denn so geht, wie die allgemeine Lage und Stimmung ist. Die Frage ist bestens geeignet, ein Gespräch über Gott und die Welt einzuleiten. Auf die kurze Frage *Wie geht's?* ist die Antwort dagegen kurz: *Muss ja!*

Zackeriern
bedeutet das endlose zänkische Lamentieren einer Frau oder eines Mannes über irgendetwas.

zwischenmank
Das Wort dokumentiert, dass sich in Magdeburg (und seinem Umland) das Niederdeutsche und das Hochdeutsche vermischt haben. *Mank* ist plattdeutsch und bedeutet im Ostfälischen ‚zwischen', also haben die Magdeburger hier „doppelt gemoppelt", eine Tautologie gebildet. Alternativ wird auch *mittenmank* verwendet, was ebenfalls eine besondere Intensität zum Ausdruck bringen kann.

So lässt sich in den Kuchenteig *orndlich jute Butter zwischenmank rührn* oder *bei die Klopperei jeht een Jroßer mittenmank,* um wieder Ruhe und Frieden herzustellen.

13. Affenvater und Flaschen-Elli

Diese Magdeburger Originale waren in der Regel gutmütige, kautzige Menschen, die durch ihre speziellen Eigenheiten oder ihr Verhalten auffielen. Davon gab es eine ganze Reihe, auch in den einzelnen Stadtteilen, so bspw. in Buckau die Inhaber vom „Sahneröschen" *Ada und Walda Rose.* Aus der jüngeren Zeit ist sicher noch *Flaschen-Elli* bekannt.

Eine Auswahl relativ bekannter Namen wollen wir hier vorstellen, sechs davon hat der Bildhauer Eberhard Roßdeutscher an der Stadtmauer gegenüber dem Petriförder verewigt:

Affenvater

war een Hofmusikante inne Altstadt. Mit en Affen uff'n Leierkasten iss'e von een Hinterhof uff en andern jezoren, de Krabben hinterher. Aus Fenster håm se denn Jroschen, injewickelt in Zeitungspapier, zujeworfen.

Appeldorte
war eene Marchtfrau mit knallrote Appelbacken. Se hat Obst un Jemüse uff'n Olln Marcht verkooft un dabei immer ne jroße Schnute jehabt.

Asta
war arm wie eene Kirchenmaus und deshalb in'n Nobben („Puff-Stråße") in horizontalen Jewerbe tätich. Da brauchte se ne jroße Schnute, um nich unterjebuttert zu wern.

Blutappelsine
war eene Marchtfrau. Der ihre Vissage war oranjerot wie de Blutappelsin, die se verkooft hat.

Feuerkäwer
war de Tochter von Johannis-Kirch-Türmer un fiel dorch ihre feuerroten Haare uff. Weil se da obm so alleene war, hat se ville jestrickt. Außer ihr Strickzeuch liebte se aber ooch de Schnapspulle.

Fliejentuten-Heinrich
stammte von de Buckauer „Insel" und hat forn Sechser Fliejentuten verkooft, das war ne Art Fliejenfänger. Das Jeschäft jing so jut, dasser Krabben zum Verkoofen anjestellt hat.

Flaschen-Elli
hatte immer ville Beutel bei sich, wo se drinne Flaschen aus de janze Stadt jesammelt hat. Ofte wår se uff en Bahnhof oder sojår bein Fußball. Immerhin jåbs inne DDR 30 Fennje for eene Pulle!

Happen-Ete
wurde ooch *Aujust der Packträjer* jenannt. Sein Råt for de Årbeet: Erst må een Happen nehm – un denne ran an de Buletten!

Käsefresser
fråß jede Menge Käse un hat versucht, die Leute, die dabei zujekuckt håm, mit ne Steinschleuder wechzujåren.

Luse-Benecke
war keen Freund von Wasser un Seife, also een verdreckter Kerl, so dasser Läuse hatte. Sein bester Kumpel war een Köter. Mit disse Töhle, Krickstock un Zylinder zoch er als Tårelöhner dorch de Jejend.

Nasen-Walter
hatte een jroßen Zinken in Jesichte un wår zwischen Krüjerbrücke un Prälåtenstraße uff Årbeet. De Machdeburjer såchten zu ne: *Mit deine Neese kannste Koks kloppen!*

Schlackaffe
war ooch son årmer Teufel, der keen Zuhause hatte un unter de Strombricke lebte. Aus de Jackentasche raus hat er Fische verkooft, die er als Lohn an Petriförder vonne Fischer jekricht hat. Klår, dass de Taschen *verschlackt* jewesen sin.

14. Da kannste nich meckern!

Mit größtem Bedauern stellen die Magdeburger fest, dass sie an einer Sache nichts aussetzen können. Mehr Lob ist von ihnen aber auch nicht zu erwarten!

Da kannste nich meckern!
Betrachtungen einer Neu-Magdeburgerin
Seit einigen Jahren lebe ich in Magdeburg. Der Beruf hat mich hierher geführt, und als die Entscheidung zum Umzug anstand, wurde ich eher mitleidig angeschaut. „Was, Magdeburg? Diese triste Stadt?" Durch Beruf und Familie habe ich hier schnell neue Freunde gefunden, Zugezogene wie ich, und echte Magdeburger, die mir lieb und teuer geworden sind. Und ich habe die Stadt auch über ihre Umgangssprache kennen gelernt, die ich als eher liebenswürdig beschreibe, während der Magdeburger (ich beziehe die weiblichen Bewohnerinnen ausnahmsweise in diese Form mit ein) im Allgemeinen nicht gerade stolz auf seinen „Dialekt" ist und ihn eher als gewöhnlich und schlampig empfindet.

Aber der Magdeburger ist auch angenehm berührt, so habe ich es selbst erlebt, wenn er spürt, dass Zugereiste einige Besonderheiten des Magdeburgischen kennen.

Das Wichtigste, was ich gelernt habe: Die Stadt heißt *Machdeburch*, auf keinen Fall sollte man *Maagdeburk* sagen. Das kommt nicht gut an! (Allerdings kann eine falsche Aussprache von *Machdeburch* auch peinlich wirken, vielleicht bleibt man dann doch lieber bei *Maagdeburk* und beschäftigt sich erst mal mit dem vorliegenden Büchlein.)

Dass der Magdeburger sich und seine Stadt oft zu kritisch betrachtet und eher Entschuldigungen sucht für weniger tolle Ecken, als Stolz auf die Vielfalt Magdeburgs zu zeigen, habe ich wiederholt beobachtet. So fällt es ihm auch oft schwer, ein eindeutiges Lob zu formulieren. Für mich programmatisch ist in diesem

Zusammenhang die Redewendung, die ich hier kennen gelernt habe: *Da kannste nich meckern!* – Das höchste Lob eines Einheimischen in eher zurückhaltende Worte gekleidet.

Immerhin: Im Laufe der Jahre, die ich hier lebe, höre ich dieses Lob immer öfter, was für mich von wachsender Identifizierung auch junger Menschen mit der Stadt zeugt.

Ich selbst finde die Stadt und ihre Menschen *jut. Machdeburch* hat seine Reize, da *kannste echt nich meckern!*
(Dörte Neßler)

Un wenn Se noch nich hier warn, denn wird das aber Zeit!
Nisch for unjut, wir sehn un hörn uns!

Mein Magdeburg

Man singt vom Rhein die schönsten Melodien,
singt von der Donau und vom schönen Wien,
selbst auf die Panke schrieb man manche Note,
obwohl sie doch kaum größer als die Schrote.
Doch von der Elbe, unserm stolzen Strom,
von Magdeburg und seinem alten Dom,
da singt kein Aas, das jeht mich durch und durch.
Sind wir denn jar nischt hier in Machdeburch?!

Mein Magdeburg am Elbestrand,
dich lieb ich stets aufs neu.
Mein Magdeburg am Elbestrand,
dir bleib ich ewig treu!
Du hattest schon zu alter Zeit
die schönsten Mädels weit und breit,
dir weih ich freudig Herz und Hand,
Mein Magdeburg am Elbestrand.

Wo gibt es wohl in Deutschland noch ne Stadt,
die solche blumenreiche Sprache hat?
Ja, jeder weiß, „an den Orjan, den starken,
kann man den echten Machdeburjer marken"!
Wie zärtlich klingt es: „Komm mal her bei mich –
du bist so blass, was ist mich das mit dich?"
Ja, selbst im Zorn schimpft man hier mit Geschmack:
„Halt deine Labbe, oller Sabberack!"

Mein Magdeburg am Elbestrand,
dich lieb ich stets aufs neu.
Mein Magdeburg am Elbestrand,
dir bleib ich ewig treu!
Du hattest schon zu alter Zeit
die schönsten Mädels weit und breit,
dir weih ich freudig Herz und Hand,
Mein Magdeburg am Elbestrand.

Und erst im Sommer, so zur Badezeit,
wie wird das Herze da so froh und weit,
denn unser Lido ist berühmt seit Jahren,
da braucht kein Mensch mehr an die See zu fahren.
Wir hab'n „Ostende", hier, ich mach kein Witz,
wem das nicht passt, der fährt nach „Biaritz".
Zwar ist der Strand nicht grade comme il faut,
doch was druff rumlooft, meine Herrn, ist sooo!

Mein Magdeburg am Elbestrand,
dich lieb ich stets aufs neu.
Mein Magdeburg am Elbestrand,
dir bleib ich ewig treu!
Du hattest schon zu alter Zeit
die schönsten Mädels weit und breit,
dir weih ich freudig Herz und Hand,
Mein Magdeburg am Elbestrand.

Die Lucie Rosen und der Trombke haben's gesungen,
überall in Magdeburg, die Alten und die Jungen.
Die Kåle hat's geträllert und der feine Pinkel,
dies Couplet vom „Glück im Kreuzgangwinkel".
Man sang's in Neustadt, Buckau, Westerhüsen,
in Diesdorf, Stadtfeld, ooch uff'n Herrenkrugwiesen.
Vor fünfzig Jahren ist das gewesen, fast,
doch dieses Lied ooch heut noch prima passt!

Mein Magdeburg am Elbestrand,
dich lieb ich stets aufs neu.
Mein Magdeburg am Elbestrand,
dir bleib ich ewig treu!
Du hattest schon zu alter Zeit
die schönsten Mädels weit und breit,
dir weih ich freudig Herz und Hand,
Mein Magdeburg am Elbestrand.

(Couplet von Erich Kersten, Musik von Mac Rauls, aus dem Singspiel „Das Glück im Kreuzgangwinkel", Premiere 1932; neu 2005 auf CD von Frank Hohenberg)

Wörterverzeichnis

„Hat denn dein Oller Åhnung vonne Karnickelzucht?"
„Nee, der nich, åber de Karnickel!"

16. Literaturhinweise

Zum Ortsnamen Magdeburg

BISCHOFF, Karl (1950): Magdeburg. Zur Geschichte eines Ortsnamens. In: Beiträge zur Geschichte der deutschen Sprache und Literatur, hrsg. von Th. Frings, Halle/Saale, S. 392–420.

EICHLER, Ernst und WALTHER, Hans (1986): Städtenamenbuch der DDR. Leipzig.

FÖLLNER, Ursula (²2004): Eine Stadt und ihre Namen. In: Magdeburg – Porträt einer Stadt, hrsg. von der Landeshauptstadt Magdeburg und dem Landesheimatbund Sachsen-Anhalt e. V., Halle/Saale S. 237–240.

MÖLLENBERG, Walter (1936): Magdeburg um 800. Magdeburg.

TIEFENBACH, Heinrich (1989): Magdeburg. In: Soziokulturelle Kontexte der Sprach- und Literaturentwicklung, Festschrift für Rudolf Große zum 65. Geburtstag, hrsg. von S. Heimann, G. Lerchner, U. Müller, I. Reiffenstein und U. Strömer, Stuttgart, S. 305–313.

UDOLPH, Jürgen (1998): Megedefelde. In: U. Ohainski und J. Udolph, Die Ortsnamen des Landkreises und der Stadt Hannover, Niedersächsisches Ortsnamenbuch, Teil 1, Bielefeld, S. 319–322.

UDOLPH, Jürgen (2004): Der Ortsname Magdeburg. In: Magdeburger Namenlandschaft – Orts- und Personennamen der Stadt und Region Magdeburg, hrsg. vom Landesheimatbund Sachsen-Anhalt e. V., Halle/Saale, S. 104–129.

Zur Sprache Magdeburgs

BISCHOFF, Karl (1967): Sprache und Geschichte an der mittleren Elbe und der unteren Saale. Köln, Graz.

BISCHOFF, Karl (1938): Die Volkssprache in Stadt und Land Magdeburg. Magdeburger Kultur- und Wirtschaftsleben. Nr. 16. Magdeburg.

EICHHORN, Goetz (1966): Zum Verhältnis der hoch- und niederdeutschen Druckersprache Magdeburgs in der ersten Hälfte des 16. Jahrhunderts. In: Wissenschaftliche Zeitschrift der Universität Halle, 15. Jg., H. 4, S. 549–557.

FISCHER, Johannes (1942): Die französische Kolonie zu Magdeburg. Magdeburger Kultur- und Wirtschaftsleben. Nr. 22. Magdeburg.

FÖLLNER, Ursula (2012): Das Machdeburjer Lesebuch. Oschersleben.

FÖLLNER, Ursula und LUTHER, Saskia (2004): Ein besonderer Klang ... Zur Sprachgeschichte Magdeburgs. In: Magdeburg – Porträt einer Stadt, hrsg. von der Landeshauptstadt Magdeburg und dem Landesheimatbund Sachsen-Anhalt e. V., Halle/Saale S. 241–252.

KRIEBITZSCH, Anke (2000): Magdeburger Umgangssprache: Linguistische Beschreibung und soziale Bewertung. Staatsexamensarbeit (masch.), Magdeburg.

NEUBERT, Erich (1937): Ein Spaziergang durch die Magdeburger Mundart. Magdeburger Kultur- und Wirtschaftsleben. Nr. 11. Magdeburg. (Nachdruck: Buchhandlung Fritz Wahle, Magdeburg.)

NEUBERT, Erich (1965): Magdeburg einst und jetzt. Hannover.

RASENBERGER, Herbert (2005): Meene Machteburjer Kindheit. Magdeburg.

Die Autoren

Ursula Eltzsch (†)
Verkäuferin und Sachbearbeiterin in Magdeburg
Dr. phil. Ursula Föllner
Sprachwissenschaftlerin am Institut für Germanistk der Otto-von-Guericke-Universität Magdeburg
Ruth Krafzik (†)
Lehrerin in Magdeburg
Hannelore Märtens
Verwaltungsangestellte in Magdeburg, im Ruhestand
Dörte Neßler M.A.
Stellvertretende Leiterin der Volkshochschule Magdeburg
Herbert Rasenberger (†)
Chemieingenieur in Magdeburg
Peter Dunsch (Pedu)
BMSR-Mechaniker, Ingenieur für Brandschutz, Diplom-Lehrer, lange Jahre im Landeskriminalamt Sachsen-Anhalt mit Fragen der Kinder- und Jugendkriminalität betraut, im Ruhestand;
zahlreiche eigene Buchveröffentlichungen und Illustrationen von Büchern anderer Autoren, zuletzt Jörg Vogel, *… dann machen wir Sie mal schlank*, 2018.

Ein Wort zum Schluss

Herzlicher Dank soll allen Magdeburgerinnen und Magdeburgern gesagt werden, die sich an der Sammlung von Wörtern und Wendungen für dieses Buch beteiligt haben.
Die vielen Hinweise, freundlichen Zuschriften und ausgefüllten Fragebögen waren Ansporn und große Hilfe zugleich.

Sollten Sie nun einen ihrer Vorschläge nicht hier wiederfinden, seien Sie bitte nicht traurig, denn wir mussten eine recht strenge Auswahl treffen. Wir bitten aber auch um Ihre Großzügigkeit, wenn Sie vielleicht das eine oder andere Wort etwas anders verwenden, als wir es beschrieben haben. Außerdem liegt es in der Natur der Sache, dass besonders eine vorwiegend *gesprochene* Sprache, wie es *Machdeburjisch* ist, schwer mit unseren üblichen Schriftzeichen wiedergegeben werden kann. Deshalb bitten wir Sie, sehr geehrte Leserinnen und Leser, in dieser Hinsicht nachsichtig zu sein.

Inhalt

Herbert Rasenberger

Vom süßen Anfang bis zum bitteren Ende.
Fahlberg-List in Magdeburg – mehr als eine Betriebsgeschichte

ISBN 978-3-938380-06-2, 19,90 Euro

Fahlberg-List ist nicht einfach ein Betrieb in Magdeburg. Der Betrieb hat in seiner über 100-jährigen Geschichte die Stadt mitgeprägt. Tausende Magdeburger haben hier einen großen Teil ihres Lebens verbracht. Herbert Rasenberger hat ein reiches Material zur Betriebsgeschichte zusammengetragen und setzt all denen ein Denkmal, die durch ihr Wirken den Namen prägten. Entstanden ist ein Buch, in dem Betriebs-, Stadt- und Lebensgeschichte eng miteinander verwoben sind.

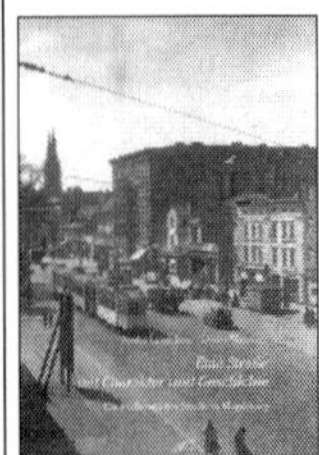

Nadja Gröschner & Dieter Niemann

Eine Straße mit Charakter und Geschichte.
Die Halberstädter Straße in Magdeburg

ISBN 978-3-938380-57-4, 19,90 Euro

Die Halberstädter Straße ist die Hauptverkehrsstraße, das Rückgrat der Sudenburg – eine Straße, die trotz des durch sie fließenden Autoverkehrs heute mehr denn je zum Einkaufen und Lustwandeln einlädt. Gigantische Warenhäuser sucht man hier vergebens. Vielmehr sind es die vielen kleinen Geschäfte und Unternehmen, Galerien, liebevoll eingerichteten Gaststätten und Cafés, die das Flair dieser Straße ausmachen und sie zu einer beliebten Einkaufs- und Flaniermeile für die Magdeburger haben werden lassen ...

Schauplatz Mageburg –
Die Stadt in der schönen Literatur
herausgegeben von Peter Petzsch

ISBN 978-3-938380-14-8, 20,40 Euro

Literatur stellt Fragen und gibt mehr, als nur Antworten – auch wenn sie auf manche Fragen keine Antwort weiß. Die Literatur über Magdeburg erzählt von Blütezeiten, der Selbstbehauptung und den Niederlagen der Stadt während ihrer 1200-jährigen Geschichte ebenso wie von ihrem ganz normalen Alltag in friedlichen Jahren.

Ursula Föllner

Das Machdeburjer Lesebuch

Neue Plaudereien in der Sprache unserer Stadt Magdeburg unter Mitarbeit von Ursula Eltzsch, Hannelore Märtens, Dörte Neßler und Herbert Rasenberger mit Zeichnungen von Peter Dunsch

ISBN 978-3-86289-045-3, 10 Euro

Wie ist es, mögen Sie die Sprache, wie man sie in Magdeburg spricht? Wenn Sie das Machdeburjische gerne hören und vielleicht sogar selbst sprechen, haben Sie sicherlich auch Spaß an diesem Büchlein. Die Magdeburger erkennen sich selbst hoffentlich wieder, können über sich schmunzeln und erfahren noch etwas Neues über sich und ihre Stadt in der Fortsetzung des »Machdeburjer Wörterbuches".

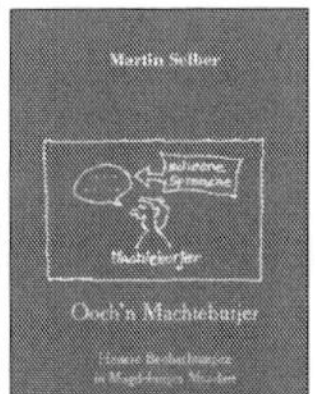

Martin Selber

Ooch'n Machteburjer

Heitere Beobachtungen in Magdeburger Mundart

ISBN 978-3-935358-17-0, 7,90 Euro

Ich soare immer, nehm Se alles nich janz so ernst, ooch mich nich. Ich halte mich joar nich for so wichtich, müssen Se wissen. Ich will mein'n Spoaß ham, weiter nischt, und das sollten Se ooch tun. Es Leem is doch woll schon von janz alleene ernst jenuch, oder? Na, sehn se! Also lassen se ma widder fümfe grade sinn, feixen se sich eens, und wenn Se das hier nu gar nich jefallen tut, denn nehm Se das Buch ausennander und hängen Se de Blätter uffn Lokus ... Macht's jut, Leute. Euer oller Martin Selber.

Günter Hammerschmidt

Die Chronik von Magdeburg-Stadtfeld (Wilhelmstadt). Geschichte eines Stadtteils, seiner Häuser und Menschen

ISBN 978-3-86289-133-7, 25 Euro

Was ist es, das den besonderen Reiz von Stadtfeld ausmacht, das dazu führt, dass soviele Menschen hier leben wollen? Liegt es daran, dass hier ein Stadtviertel in 150 Jahren gewachsen ist, sich an Baustilen Rayonhäuser, Neogotik, Neorenaissance, Neoklassik, Jugendstil, Neues Bauen und Bauten des 21. Jahrhunderts nebeneinander finden lassen? Oder daran, dass sich in ungewöhnlicher Weise die Bewohner einbringen, interessante Gaststätten und Geschäfte schaffen, die zugleich kulturelle Zentren sind? Livemusik und Ausstellungen von Privat für Privat werden angeboten. Geschäfte sind überwiegend klein und über mehrere Generationen besitzergeführt.

Bibliografische Information
der Deutschen Nationalbibliothek:
Die Deutsche Nationalbibliothek verzeichnet diese
Publikation in der Deutschen Nationalbibliografie;
detaillierte bibliografische Daten sind im Internet
über http://dnb.d-nb.de abrufbar.

Alle im Buch vorkommenden Ähnlichkeiten mit lebenden Personen sind zufällig und nicht beabsichtigt. Die Namen aller Personen sind geändert.

Falls Sie Fragen zur Produktsicherheit unserer Bücher haben, wenden Sie sich bitte an den dr. ziethen verlag.

Friedrichstraße 15a, 39387 Oschersleben
fon 03949 4396
www.dr-ziethen-verlag.de
email: info@dr-ziethen-verlag.de
7. Auflage 2026

Satz & Layout dr. ziethen verlag
Satz mit QuarkXPress auf Macintosh
Umschlaggestaltung: Peter Dunsch (Pedu)
Printed in EU

978-3-86289-228-0